現代社会を読み解き、
令和を生き抜く
勉強のコツ

歴史で学ぶ思考法

こうちゃん

KADOKAWA

はじめに

みなさん、はじめまして。YouTuberで東大発の知識集団QuizKnock《クイズノック》元メンバーの「こうちゃん」といいます。現在は、QuizKnockを卒業して個人で活動をしています。

クイズや謎解きが好きで、特に歴史ジャンルを得意としてきました。学生の頃から歴史を学ぶことは大好きで、世界史や日本史など歴史科目がとても得意だったのですが、今回、自分の好きが高じて、歴史についての本を出さないかというお話を出版社の方からご提案いただきました。

僕自身は歴史家でも研究者でもありませんから、自分なりにどうやって歴史に付き合ってきたのか、どんなふうに歴史を学んできたかを中心に、歴史の楽しみ方について、本書では書かせていただきました。

前提として、歴史をどの程度詳しく学ぶかは、人それぞれの自由です。

「絶対歴史に詳しくならなきゃだめ！」と僕が思っているとか、そんなことはありません。大学受験のとき以外は、個人の楽しめる範囲で勉強したら、それでもうＯＫだと僕は思っています。

ただ、歴史を学ぶ際に「暗記ばかりでつまらない」「細かい年号が覚えられなくて挫折する」という声をよく聞きます。受験勉強でも、教科書をはじめから細かく覚えようとして、人類の起源や古代史くらいまでは頑張ってやるのだけれども、挫折してしまってその後が続かないという人が多いのではないでしょうか。

一度、挫折すると、また頭からやり直そうとして、結局、歴史教科書の最初の章だけ詳しく、その後の歴史の流れが全く身についていないという話はよく聞きます。

歴史は一点だけを見て覚えるものではありません。
人類の長い歴史を細かく切り分けるだけではわかりません。
世界史にも日本史にもそれぞれの文脈があります。その長い〈時間の道〉を見て学ぶものだと思います。

歴史は英語でHistoryと言いますが、そこには物語を意味するstoryという言葉が隠れています（調べてみたところ、語源が同じようです）。

歴史はただ出来事の連続を暗記すればよいというだけではありません。

出来事と出来事がいかに連関しているのか。

その文脈を見つけて、物語を発見していく。

そこに歴史を学ぶことの面白さがあるのではないでしょうか。

だからこそ、物語性の大きいエンターテインメントの分野でも、しばしば歴史が主題になるのだと思います。


物語としての文脈を見つけるには、当然、その出来事がいつ起きたのか、その前後関係を知るために年号をきちんと覚えることは大事でしょう。でも、まず初めは、大掴みで歴史の全体の流れを知ることから始めればよいと思います。

初めから細かく年号を覚えようとしても、文脈が見つからず、物語性を感じることができないから、どうしても飽きてしまうし、挫折してしまうのです。


もっと、歴史は私たちが生きている現代とつながっているんだということを意識すれば、より生き生きとしたものとして理解できるようになるでしょう。

歴史と現代。

歴史と自分の日常。

それらをつなげることも、立派な文脈の発見ですし、物語の発見だと思います。

まさにそのような文脈の発見が、僕は歴史的なセンスであり、歴史的な思考法なのではないかなと思います。

出来事と出来事を結びつけることができたなら、ある世界史的な出来事の原因はなんだったのかをよりクリアに理解できるでしょう。

それは、僕たちが現在、体験しているさまざまな出来事が、いかに世界史的な出来事なのか、あるいは日本史的に重要な出来事なのかを理解する方法にもなります。

そうやって歴史の意味がわかってくると、歴史自体を学ぶこともきっと楽しくなると思います。なぜなら、歴史を学ぶことは今、僕らが生きている現代を知ることにほかならないのですから。

日々、接するニュースの意味もきっと歴史を通じてわかってくると思いますし、それを受けて、僕たちが何をしなければならないのか、その判断材料にもなるのではないかなと思います。

少し大きいことを言ってしまいました。

何はともあれ、本書を通して、歴史というジャンルを好きになってもらえたら、率直に嬉しいなと思います。

こうちゃん

目次

第1章 楽しい歴史学習法

第2章

「政治」の歴史がわかれば今の社会がわかる

第3章

現代を理解するには「経済」を歴史的に見る

第4章 世界の歴史は「戦争」の歴史か？

第5章 歴史は「宗教」から学ぶ

第6章 グローバル時代のヒントは「民族問題」から

第7章

日本の歴史は世界の歴史とつなげて学べ

第1章

楽しい歴史学習法

歴史を学ぶことの楽しさに目覚めるために

高校の世界史の先生が出してくれた「世界史通信」

僕が歴史を勉強することの面白さに触れたのは、小学校6年生の頃のこと。

担任の先生が歴史好きで、授業で面白い話をたくさんしてくれて、歴史って面白いなと感じました。授業だけでなく、大河ドラマを見たり、ネットで調べたり、今思えば一番小学生の頃が意欲的（？）だったのかもしれません。

高校では世界史と日本史の両方を勉強していました。

当時の世界史の先生が話してくれたことが今でも強く記憶に残っています。

また、その世界史の先生が、自分で作った「世界史通信」というプリントを、授業前に必ず配布してくれていました。それは最近のニュースと絡めながら、世界史の出来事を紹介する内容でした。

今でもよく覚えているのが、最初の「世界史通信」です。「鉄の女」と呼ばれた、元イギリス首相のマーガレット・サッチャーが亡くなった頃で、彼女に関連づけた話がプリントで取り上げられていました。

そのプリントに大きく書いてあったのが「世界史がわかると、今がわかる」という言葉でした。これは本当にそうだなと、歴史を学んだ身として思います。

つまり、現代の出来事も、すべては歴史の流れのなかにあり、歴史を知ることで、この時代に起きているすべてのことを一層鮮やかに見ることができるようになるのです。

出来事のバックグラウンドが「歴史」になる

「世界史がわかると、今がわかる」とは、歴史を学ぶことの動機づけ・意味づけであると同時に、歴史を学ぶための重要なメソッド（方法）のような気がします。

基本的に歴史は詰め込み教育です。どうしても暗記が中心になります。

それは歴史を学ぶ上では不可避なのですが、年号や歴史上の人物、歴史的な出来事を、そのまま無関係にランダムで覚えるには限界があります。断片的な覚え方では歴史の前後の関係がわからず、そもそもその出来事や人物にどんな意味があったのかがよくわかりませんし、やはり記憶に定着しづらいでしょう。

これを「今」と関連づけることで、歴史はグッと厚みが増し、より身近なものとなります。これは反対に、今現在の出来事をより深く理解することにもつながります。

つまり、今起きていることのバックグラウンドを知ると、より記憶に定着しやすくなりますし、また印象に残りやすくなるのではないでしょうか。

高校3年間で、世界史と日本史の情報を頭に叩き込んだ後に、改めて世界史の先生が作ってくれた世界史通信を読み直すと、本当に「現代がよくわかる」と感じました。3年間学んだことが、有機的につながっていく面白さを実感しました。

その出来事のバックグラウンドを知り、その出来事が起こった原因やきっかけを含めて、歴史を文脈として理解することで、より深く歴史を学べるのではないかと思います。

本書では、歴史を学ぶ実践として、現代のニュースや問題と引きつけながら、歴史を見ていく方法を取っています。今と過去、現代と歴史を結びつけることで、自分が生きているこの世界がいったいどうやって成り立っているのか、世界における自分の位置をより深く知ることができます。

そうやって、自分自身の歴史観を作っていくのです。

それが歴史を学ぶことの大きな目的であり、醍醐味のひとつなのではないかとも思います。

歴史を学ぶ勘どころがわかれば、エンタメももっと面白くなる

出来事のバックグラウンドを学び、つなげて考えていくということは、何も歴史の勉強だけに限ったことではありません。エンタメ作品を楽しむときにだって、大いに役立ちますし、もっと深く理解し、より楽しむことができるのではないかと思います。

たとえば、『機動戦士ガンダム』というアニメ作品があります。

ガンダム（正式名称は「RX-78-2 ガンダム」です）は、作中の地球連邦軍が開発した新型モビルスーツですが、戦闘シーンではビームライフルで敵のモビルスーツを次々に破壊します。

このビームライフルは、戦闘用艦船に装備された「メガ粒子砲」というものが元になっているわけですが、地球連邦軍がいち早くモビルスーツ用に改良し、その後、敵対するジオン公国軍でも量産されるようになりました。

そうした「文脈」、つまりモビルスーツ開発の歴史がわかると、『機動戦士ガンダム』について、深く突っ込んだ話ができるわけです。

ただ1回観て、「面白かった」で終わりでもエンタメの楽しみ方としては全然よいのですが、好きな作品だったらもっと深く知りたいと思いませんか？

もっと解像度を上げて理解を深めていくと、思わぬつながりを見出し、また一段と楽しめるのではないかと思います。

歴史をバックグラウンドから学んでいくというのは、エンタメ作品を深読みしていく作業とほとんど変わりません。

たとえば、『鬼滅の刃』を読めば、やはり当時の時代背景を知りたくなります。日本の大正時代頃が舞台だとされますが、当時はいったいどんな時代だったのでしょう。煉獄杏寿郎が死闘を繰り広げる無限列車編では、機関車が戦いの舞台となりますが、当時はどんな列車が走っていたのでしょうか。

そもそも日本に列車ができたのはいつ、どうやってなのか。どんどん気になることが出てきませんか？

そこから明治維新や文明開化、日本の西欧化について学ぶところまで、あと一歩です。もうすでに、あなたは歴史の勉強に踏み込んでいるのです。

歴史の解像度を上げれば、もっと楽しく学ぶことができる

このように、歴史という科目は、僕たちが今現在、見たり聞いたりしている出来事・物事を、もっと深い解像度で理解できるようになるというところに、一番の面白みがあるのではないかと思います。

もっと言えば、それが歴史を勉強する意味がとても感じられるところなのです。

ただ、意味ということを考えると、すぐに「日本史を学んでも役に立たない」とか、「数学を学んでも役に立たない」という発言に接することがあります。けれども、そんなことを言ったら、日本史や数学に限らず、すべての物事に意味はないとも言えますし、逆にすべてのものに意味があるとも言えると思うのです。

そういうシニカルな態度では、楽しめるものも楽しめません。

少なくとも、歴史を学ぶことは僕にとって意味のあることです。

それを意味があるものにするかどうかは、その人次第なのだと思います。少し大袈裟に言ってしまえば、その人が自分の人生にどんなことを期待するのかによって、その意味合いは変わってくるでしょう。

僕にとっての歴史、そして、それを学ぶことはそんなに難しいことではありません。単純に歴史を知れば今がわかるし、今を理解したければ、歴史を学ぶことはまさにうってつけとも言える方法なのでは、とすら思います。

日々、生きている日常に起こるさまざまな出来事や、自分が普段目にしている物や風景には、そうなるだけの理由があり、そのようになった経緯があり、バックグラウンドがある。

それらの総体が、歴史なのです。

自分の日常のバックグラウンドを知るだけで、もっと世界は色鮮やかに見えるようになるでしょう。

そこからさまざまなヒントを得て、生きる指針にする人もいるかもしれませんし、ただ単にエンタメとして消費するのでもいいと思います。

それでも、目の前の日常を一皮剥くだけで、積み重なった歴史の地層がそこにはあるのです。

それをひとつひとつ掘り下げて、またつなげてみたりすると、いろんな発見があり、僕にとってはそれが端的に「面白い」のです。

まずは歴史を大枠でつかんで
エンタメとして楽しむ

歴史を思い出すために

「歴史が苦手」「歴史が嫌い」という人たちのなかには、「年号をいちいち覚えさせられてうんざりした」という人も多いのではないでしょうか。

もちろん、歴史は記憶することが大事な科目ですから、最終的には暗記することが重要です。

「こんなこと覚えても何に役立つんだよ！」とかいって覚えようとしないテスト前のあなた、それはだめです。

しかし、単純に歴史の知見を広げたいという方は、初めはとにかく完璧に覚えようとしなくてもよいのではないかと僕は思います。

繰り返し、その出来事を学び、過去の出来事とつなげていくなかで、徐々に覚えていく。

むしろ、そのほうが記憶に定着して忘れないですむのではないでしょうか。

あるいは、たとえ忘れてしまっても思い出すことができる力を養うことも大切です。

歴史の文脈がしっかり定着していると、点と点が数珠《じゅず》つなぎに連鎖していき、線として捉えられるようになります。個々の点の存在を忘れてしまっても、線によって手《た》繰《ぐ》り寄せ、思い出すことができるのです。

たとえば、「カノッサの屈辱」は何年に起こりましたか？

答えは1077年です。

「1077年にカノッサの屈辱が起きた」と、試験問題の穴埋めを答えるためだけに条件反射的に覚えるだけでは、そもそも「カノッサの屈辱」がなぜ起きたのか、それ以前のヨーロッパでは何が起きたのか、よくわかりません。

年号が問われる試験問題では、「1077年にカノッサの屈辱が起きた」と丸暗記すればいいでしょうけれども、それではバックグラウンドの歴史を学んだことにはならないでしょう。

それはただ「1077年にカノッサの屈辱が起きた」という知識を得ただけです。

いったい「カノッサの屈辱」とはどういう出来事だったのでしょうか。

それがなぜ、1077年に起きたのでしょうか。そして、その年の前後、キリスト教圏以外の世界ではどんなことが起きていたのでしょうか。

イスラーム教圏では、アナトリア半島に「ルーム・セルジューク朝」という王朝が成立しています。

「1077年にカノッサの屈辱が起きた」という事実に、さまざまなタグづけをすることで、カノッサの屈辱という出来事をより深く知ることができますし、そうした記憶の連鎖を利用して、たとえ年号などを忘れてしまったとしても、芋づる式に思い出すことも可能なのです。

このように歴史を文脈から理解し、厚みを持って学ぶことで、1077年という年が、まるで違う輝きを持って受け取られるようになるのではないでしょうか。

歴史は大枠でつかむ

他方で、初めはもっとざっくりと「11世紀にカノッサの屈辱が起きた」というような理解でもいいのではないかなとも僕は思います。

最初から細かく積み上げていくよりも、あらかじめ、ざっくりとした歴史の大枠の流れを自分のなかに持っていたほうがよいという考え方です。

たとえば、鎌倉時代について勉強するとしましょう。

細かいところで言うと、国ごとに「守護」が置かれて、荘園や公領ごとに「地頭《じとう》」が置かれて、北条氏が出てきて、北条時政が鎌倉幕府の執権になる。その後、北条氏が何代も続いていく、ということを学ぶわけですね。

そうやって細かく覚えていくのもよいのですが、もっと大枠で、ざっくりとした理解から始めてもよいのです。

「鎌倉時代ってどんな時代？」と問われたときに、「新しい宗教観が広まった時代だよ」というざっくりした整理で最初は問題ないと僕は思います。

細かいことを言えば、浄土宗というのが出てきて、その後、浄土真宗が出てきます。阿弥陀如来を信仰し、「南無阿弥陀仏」を唱えれば極楽浄土に行けるとその人たちは考えている。

また、曹洞宗が出てくると、この人たちはひたすら座禅をしなければいけない。

細かく語ろうと思えば語れるわけですけれども、どんな時代かと問われたときに、まずは今まで貴族たちが信仰していた仏教に比べて、もっと簡単に庶民ができるようなことを教義にした新仏教がスタートしたのが鎌倉時代、という理解から歴史の勉強を始めてもよいのではないかなと思います。

また、大枠で捉えておくと新しいことも学びやすいという利点があります。

1+1=2、2+2=4とか、ごく当たり前の数学の基礎がわかっているからこそ、これを応用して筆算をしたりすることができるようになるわけですよね。

歴史も本当はまずは基礎、大枠から学んでいき、応用として細かい知識を覚えていく。そういう流れのほうが、もっと理解が深まりやすいと思うのです。

「初めから一個一個細かく覚えていくしかないんだ」と思わずに、大枠の流れを追うところから始めてもいい。ざっくりとした理解が、細かい知識と知識をつなぐ役割にもなり、そこからスッと歴史がわかるようになる。

もっと言えば、現代とのつながりも見えてくるのだと思います。

歴史をクイズのように学んでいく

最初はそういうざっくりとした世界観・歴史観で、大枠をつかんでいく。

けれども、大枠ばかりでは理解は深まらず、細かい用語や概念に触れざるをえなくなってくると思います。

そこからもう少し突っ込んでいって、細かい知識を覚えていけば、その分、深い歴史の階層で物事を見られるようになるでしょう。

また細かいことを覚える快感というか、気持ちよさもあるのではないかなと思います。僕は日頃、クイズをやっていますが、クイズ自体はいかに細かい知識まで知っていて、ニッチな問題にも瞬発的に答えられるかが必要になります。そういう細かい知識の質問に正解できたら嬉しいという気持ちも強いわけです。

歴史の勉強にもそういうところがあるのではないかなと思います。

歴史の勉強自体、クイズの解答をするようなゲーム性をもってやるのも、楽しみ方のひとつではないでしょうか。

勉強だと思わずに、エンタメ、ゲームとして楽しむことが、歴史を学ぶ秘訣だとも言えそうです。

こうちゃん流「歴史」の勉強法に近道はない

教科書を繰り返し読み直す

ここまでは歴史を勉強する際の心得についてお話ししてきました。

では、実際にどんなふうに僕が歴史の勉強をしてきたかというと、実は割とシンプルな勉強方法しかやっていません。

歴史の教科書や高校時代の先生が作ってくれたまとめプリントを隅から隅まで、繰り返し読み返す。これに尽きると思います。

歴史はまず大枠でつかむと述べました。それと若干矛盾するかも知れませんが、きちんと歴史の単語を知っていることは結構、重要だとも思っています。

たとえば、「ヴェルサイユ条約」という単語があったとします。

この単語をきちんと覚えている人と、「ヴェルサイユ条約」という単語名は忘れてしまったけれども、「第一次世界大戦の後に、ドイツは何かの条約を結んだよね」という感じでフワッと覚えている人がいたとします。

歴史を学ぶ際には、僕はやはり単語はきちんと覚えていたほうがいいと思う派です。その方が、他の歴史のことを学ぶ際に、正しい理解がしやすいと思います。

どんなことが起きたかをきちんと理解していれば、出来事の名前や人物の名前などの単語は忘れてしまってもかまわないという持論をお持ちの方も一定数いるとは思いますが、僕はやはりきちんと知っている人のほうが早く正確に理解ができると思っています。

単語を正確に知っているということは、それだけ記憶としてきちんと定着しているのではないでしょうか。

歴史をしっかり学んで、身についている証拠のひとつなのではないかなと僕は思っています。

もちろん、むちゃくちゃ細かいマニアックなことまで全部覚えろとは言いません。専門家でもない限り、そこまでの勉強は必要ないと思いますが、基本的な用語や人物の名前は、無駄だと思わずに、きちんと覚えようとしたほうがいいでしょう。

僕も本当は暗記が苦手だった

歴史クイズが好きで得意だと、「そもそも暗記が得意なんでしょう」と言われることがありますが、それは誤解です。

僕自身、暗記自体は全く得意ではありませんでしたし、それは今でも思っていることです。

日本史や世界史の単語ひとつとっても、初めての単語を頭に入れるのは大変苦労するタイプです。一度、覚えれば簡単には忘れないのですが、覚えるまでに時間がかかるほうです。

そういう意味では、「暗記するのは苦じゃないんですか」と聞かれると、結構、苦労しながら覚えたと思います。それでも「やっぱり覚えなきゃな」と思えたのは、学校教育のなかで、大学受験なんかもありましたから、世界史でも日本史でも「ちゃんと高得点を取らなきゃな」という、少し切羽詰まったモチベーションがあったから勉強した一面もありました。

多くの人が誤解しているのは、僕や他の東大生、あるいはQuizKnockの人たちに対してもそうですが、何の苦労もなくスイスイと暗記ができて、勉強が楽しいというイメージを持ちがちなのではないかと思います。

勉強が楽しくて仕方ないから、簡単に覚えられて、暗記も楽しんでできたのだろうと見なされているのではないかと思いますが、全然、そんなことはありません。

基本的に記憶力は人並みなほうですし、「全然覚えられないな」と思いながら、苦労して暗記をしてきました。

QuizKnockのような仕事をしていたからこそ、たびたび復習する機会があるから、たまたま覚えているだけです。これが全く違う仕事をしていたら、もっと忘れてしまったことも多いと思います。

歴史学習に近道はない。一歩一歩、進んでいく

その意味では歴史学習には近道はないと思います。

先ほどもお話ししたように、僕は何度も繰り返し教科書を読み、穴埋めの参考書をやるなどして、地道に歴史を学んできました。

1回教科書を読んでも、それをずっと覚えているなんてことはありません。

しばらく経てば、忘れてしまうことのほうが多いくらいです。

1日だけ、僕の脳みそと交換して体験してみてほしいのですが、基本的には僕の脳みその性能は、ほとんど他の人の脳みそと変わりません。全く「普通の人だな」と思うはずです。他の人よりもめちゃくちゃ暗記に向いた頭をしているわけでもないですし、あるいは歴史に限らず、漢字をすぐに覚えられるとか、計算が速いとか、そういうこともありません。特別な能力があるというわけではありません。

それでも僕が今でも日本史や世界史に詳しく、かつて学んだこともいくらかはきちんと記憶に定着させて覚えていられるのはなぜかと言うと、それはやはり意識の問題であり、気持ちの問題だと心底思います。

こんなことを言うと、根性論じゃないかとつっこまれることもありますが、歴史を学び、覚えることに対しての気持ち、いわばモチベーションを強く持たないと、なかなか記憶に定着させることが難しいのです。

今でも、きちんと歴史の物事は覚えておいて損はないと思っています。

本書は歴史をテーマにした本なので、あくまでも歴史の話しかしませんが、歴史に限らず、理科でも数学でも国語でも、どんな科目でもやはり僕はきちんと覚えておきたいと思うほうなのです。

それもただ覚えるのではなく、正確に覚えること。

正確な知識が身についていれば、その分、人生のさまざまな出来事に対して的確に判断ができたり、もっと深く理解することができたりする。

僕にとって、それが人生を楽に生きるコツだと思いますし、そのほうが、人生が楽しいのです。僕が一応、東大を出て、クイズが得意ということで、YouTuberとして活動させていただいている今を思えば、結果的にちゃんといろんなことを正確に学ぶことが役に立ったなと実感しています。まあ、さすがに同じような生き方をしている人は少ないと思いますが(笑)。改めてきちんと勉強しておくことが大事だったなと思いましたね。

ですから、歴史学習にも近道はなく、一歩一歩着実に、正攻法の勉強をすることが大事だと僕は思います。

だからこそ、そうした地道な学習に向く意識や気持ち、モチベーションを養うことが大事なのです。

そうした意識づけをするにはどうするべきかというと、実は、これは一人だけでやるのは難しいのかなと僕は思うところもあります。

学生の頃は一緒に学ぶ友達がいましたし、切磋琢磨することができました。

また、友達同士で歴史の話をするのも僕は結構好きです。周囲で歴史や現代ニュース、社会の話が気兼ねなくできる人がいれば、それだけで歴史を学ぶモチベーションになるのではないかと思います。

やる気だけでなく、繰り返し他人と話をすることは、その都度、話題を思い出さなければなりませんから、その分、記憶の定着にもつながります。インプットとアウトプットを繰り返すことが、自然とできるようになるのです。

身近なところで歴史好きの友達がいなくても、SNSを通じて、気の合う仲間を見つけるなんてこともできるかもしれません。

勉強に限らず、ネットの世界が発達した今は、何かの仲間を見つけるのって簡単になってきていますよね。

僕がおすすめする歴史本

教科書や参考書以外に、僕が歴史を学ぶ際に割とベースとなったなと感じている本があります。

それは後藤武士さんの『読むだけですっきりわかる日本史』(宝島社)という本です。

この本のおかげで僕は日本史が得意になったと言っても過言ではありません。

本書は日本史の全体を概観するような本で、そこまで深く掘り下げた内容ではないのですが、むしろそこが良かったのです。ちょうどこの本に出会ったのは、高校で日本史を学ぶ前、中学生の頃だったと思います。

ざっくりと歴史の前代の流れを概観できるような内容で、その後、日本史の詳細な各論を学ぶ際にも、歴史を考えるベースを準備してくれるような本でした。

ですから、細かいことを暗記する際にも繰り返し、この本が紹介する歴史の大枠の流れに立ち戻って、大きな歴史の流れと突き合わせながら細かい出来事を学ぶことで、より深く、より確実に歴史を学ぶことができたと思います。

これまでお話ししてきたように、細かい単語を覚えることはものすごく大事です。けれども、それとは別にざっくりとした歴史の流れを知っておくと、また新しいことが出てきたとしても、この大きな流れと関連させることで、すぐに覚えることができるようになるのです。

ですから、本書を読んで、これから本格的に歴史を自分で学んでみようと思う人は、次に『読むだけですっきりわかる日本史』のような、大枠での歴史の流れを紹介してくれるような本をまず手に取ってみることをおすすめします。

ニュースは歴史的に見るからこそ、生きた情報になる

歴史的背景がわかれば最新ニュースも面白い

普段、僕が見ているニュースサイトや番組は取り立てて特別なものではありません。インターネットのよくあるニュースサイトの記事を読んで、関心が持てれば、もっと検索して他の記事を探す程度ですが、歴史の勉強をしていると、そうした記事から、さまざまなことを学ぶことができます。

たとえば、アメリカ大統領選を取ってみても、まず僕が気になるのは共和党の候補者が誰で、民主党の候補者が誰で、そこにワンチャンではないですけれども、第3政党が割り込むことはないだろうか、というところです。

アメリカの政治体制の歴史を見ても、基本的には共和党と民主党という二大政党制

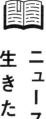

によって動いています。もし仮にそこに別の第3政党が割り込むことがあれば、それはアメリカの歴史上、非常に画期的な出来事になるわけです。ただ、現在のアメリカ大統領選では、少なくとも第3政党が割り込むことはなさそうです。

では、この共和党と民主党という二大政党の対立のなかで、現在のそれぞれの候補者はどのくらい、歴史に適った候補なのか、あるいは歴史とは少し違った候補なのかを注目のポイントにします。

今現在のアメリカで言えば、共和党は保守的で、民主党は革新的というのが大体の歴史の流れです。今回の候補者たちはどうなのか、たとえば「人種差別問題については双方、どんな意見を持っているんだろう」ということが気になります。

今の民主党は人種差別には反対の姿勢を取っています。しかし、歴史を紐解くと1970年前後には民主党は保守的で、人種差別に対しては擁護気味で、むしろ共和党のほうが人種差別に反対していたという流れがあるのです。

これが逆転して共和党＝保守的、民主党＝革新的のような状態にあるのですが、そういう歴史的な流れを踏まえた上で、今の民主党だったら人種差別に反対する意見を持つ人が出ると思うけれども、今回の候補者はどうだろうか、というような視点で、僕だったらニュースを見ると思います。

これまでと同じ歴史を歩むのか。かつて共和党と民主党の意見が逆転したように、ここで歴史の変換が起こるのか。割とワクワクして、歴史の問題としてアメリカ大統領選を見るかもしれません。アメリカ大統領選を歴史的に見るということは、翻《ひるがえ》って、自分たちの国の選挙を歴史的に見ることにもつながってきます。

2024年10月、新しい自民党の総裁に石破茂氏が選ばれましたが、総裁選候補は他にどんな人たちがいたか、そもそも、自民党はどういう政党だったのか、いろんな疑問が歴史と関連して出てくると思います。そもそも戦後に自民党こと自由民主党が旗揚げされたときの初代総裁は、鳩山一郎でしたが、その孫にあたる鳩山由紀夫と鳩山邦夫の兄弟もまた、最初は自民党の議員として活躍しました。けれども、1993年の政治改革を機に、鳩山由紀夫は自民党を出て新党結成に動きます。

その後、紆余曲折あって、民主党の代表となり、2009年には与党となって、内閣総理大臣に就任しました。戦後、長らく政権を担ってきた自民党が野党となり、政権が大きく交代した、歴史的な事件でした。それが、自民党の初代総裁である鳩山一郎の孫であり、元々は自民党だったというのはまた興味深いことだと思います。

つまり、自民党と民主党の対立、もしくは自民党の成り立ちを追うだけで、もはやそれは日本の政治の歴史でもあるわけです。それは現代の自民党総裁選とも無関係ではありません。そもそも日本の戦後政治史は、55年体制を続けた自民党の歴史とイコールであると言っても過言ではないでしょう。

歴史を知ったからといって、すぐに今現在の私たちの日々の行動が変わるかと言えば、そうではないのですが、少なくとも日々のニュースや出来事を、歴史的に正しく見ることができると思います。

現在のニュース番組やネット記事をただ受身で見るだけでは、決して、歴史的な視点を得ることはできません。それは意識的に歴史を勉強し知っているから、自分のなかで、正確に解釈ができるのだと思うのです。

歴史的な視点を持つということは、比較できるさまざまな参照点を自分のなかにたくさん持つことです。ニュースを見て、その一面だけでしか判断できない人は、脊髄反射的に「けしからん！」とか「よくわからない」とか思って、そのまま流してしまうのではないでしょうか。そうして得たものは、結局は浅い情報でしかありません。

そこに歴史的な視点があれば、ひとつひとつのニュースにも、歴史的な背景があることを理解しながら見ることができると思いますし、他のニュースを見る際にも、参考にすることができます。

つまり、生きた情報としてニュースを受け取ることができるのではないでしょうか。

政治・経済・戦争・宗教・民族問題・日本　歴史はテーマ別に学ぶと面白い！

テーマ別・歴史の学習法

　ここまでは、歴史を勉強するときの考え方や、「いかに歴史を勉強するのか」という僕なりの歴史学習の方法のエッセンスをまとめてお話ししました。

　そうした考え方、学習法に基づいて、本章以降は、「政治」「経済」「戦争」「宗教」「民族問題」そして「日本」という、テーマ別に沿って実際に歴史を学んでみる実践編・応用編となっています。

　歴史を勉強するというとき、学校の教科書がそうだったように、ヨーロッパではこうで、アメリカ大陸ではこうで、東南アジアでは、東アジアでは、というように各地方や各国の単位で学ぶことがしばしばです。それはそれで重要ですし、楽しいのですが、その結果、古代ローマ史だけ詳しい、アメリカ近代史だけ詳しいという「タコツボ」的な、理解の偏りが出てきてしまうのはもったいないなと一方では思います。

本書では、歴史をテーマ別に分けることで、どこか特定の地域に縛られた歴史ではなく、もっと世界史全体を大枠でつかむところから、広く歴史を学んでみることを試みています。これも、歴史を学ぶ際の「楽しみ方」のひとつです。

私たちが普段、生活をしていると、さまざまなニュースが駆け巡りますが、アメリカの大統領の話であったり、中東の紛争であったり、アフリカの貧困であったりと、場所も状況もさまざまです。また、アメリカの政治史や中東の戦争史の専門家になりたいという人ばかりでもないと思います。

だからこそ、「政治」や「経済」というより抽象度の高いテーマに分けて、現代において起こっている出来事・問題を、さまざまな地域・年代の歴史と引きつけながら、読み解いていくことで、より歴史を広く、重層的に学ぼうというコンセプトになっています。その意味では、本書は、第1章以降は、前の章から次の章へ順々に読むのではなく、自分が気になるテーマ項目の章から読んでいただくのがよいかもしれません。

以下では、それぞれのテーマ項目の学び方のポイントをお話しして、各論に移っていきたいと思います。

「政治」の「当たり前」を問い直す態度が歴史学習への入り口

普段のニュースのちょっとした違和感を大切に

各国史を学ぶときにもみんなが気になるのは、「政治」ではないかなと思います。歴史を学ぶ際にもその多くが、政治的な出来事を中心に学ぶことが多いのではないでしょうか。

それを各国の現在から振り返って、今の政治体制はいつからそのような形になったのかという視点で、現代と過去をつなげながら見ていくというのも、面白い歴史の学び方だと思います。

日本の場合には、今となっては当たり前のようですが、まず内閣という行政府があり、衆議院と参議院からなる国会という立法府、そして裁判所の司法府という三権分立の体制で、日本国民が主権者であるという民主主義体制です。

これに、戦後は日本の統合の象徴として、天皇という存在がいる象徴天皇制を取っています。

民主主義体制と天皇制が併存した体制です。

これとよく似ているのが、２０２２年9月の逝去のニュースがまだ記憶に新しいエリザベス女王のようなイギリス王室が存在する民主主義国であるイギリスです。

いずれも、民主主義なのに「王権」を代表する人物（天皇、王や女王）が併存している体制です。

そういう政治体制のあり方を見て、「他の国はどうだろう。フランスには王とか女王はいたのかな」とか「ドイツではどうなのかな」とか、疑問が湧いてくるのではないでしょうか。

これがアメリカの場合には、「大統領」がいるわけです。

今年は、アメリカ大統領選が盛り上がり、日本でも連日ニュースになりました。しかし、各国の政治体制を比較する視点で眺めてみれば、「あれ、日本には大統領っていたっけ？　いないよね。何が違うのかな」と、今まで当たり前だったところに「問い」が生まれてきます。

そうした当たり前のことが、歴史を見るとその成り立ちがわかり、実は全然、当たり前ではなかったことがわかってくるのではないでしょうか。

政治と歴史を考える際に、僕は大体、そうした各国の政治体制の差や違いに注目するようにしてきました。

普段、ニュースを見ていても、ドイツのオラフ・ショルツは「首相」と呼ばれ、韓国の尹錫悦《ユンソンニョル》は「大統領」と呼ばれますし、ニュージーランドのクリストファー・ラクソンは「首相」です。

この違いはいったい何なのか、というところから政治への関心を持ち、その国々の政治体制の成り立ちを考えてみるというのが、いろいろと発見があって面白いのではないでしょうか。

なんの関心も持たずにニュースを聞き流しているだけでしたら、首相や大統領というのは「各国の代表者」程度の理解止まりで、「当たり前」は崩れません。けれども、「首相と大統領の違いって何だろう」というように、そこに「問い」を見出すことが、歴史を学ぶ第一歩となるのです。

最初の疑問は、ほんの些細なことでかまいません。

「アメリカは大統領がいるけれども、これは何なのかな」という疑問から、アメリカの政治体制の歴史を掘っていくのです。アメリカには昔から共和党と民主党があり、大統領選というものがあり、というようにアメリカの歴史を読み解くとアメリカ政治の仕組みというものがわかってくるでしょう。

そうすれば、現代の大統領選の共和党内の大統領選挙候補争いなどの意味がわかってくるのだと思います。

つまり、現代ニュースと歴史の勉強は、振り子運動のように常に往復するようにして学べば、それぞれの理解がグッと増すのです。

現代の問題をもっと深く知りたければ歴史を学ぶことが必要ですし、歴史をより的確に身につけるには、現代の問題にひきつけて学ぶことが大切です。さまざまな国の歴史がわかってくると、さらに政治の仕組みが理解できますから、現代の問題やニュースの話題をより多角的に見ることができるようになると思います。

政治に関しては、現在のニュースを見る際に、ちょっとした違和感を大切にしてみることから、歴史への自分なりの問いのとっかかりを見つけてみてください。

「経済」の未来を見通すためには過去から学ぶ

不確実な「経済」に歴史の視点を導入する

続いて「経済」についてですが、専門の経済学者でもさまざまな意見を持っていることからわかるとおり、専門家でも現在の経済について意見が一致していないところを見ると、その門外漢である素人には大変難しい問題です。

けれども、僕たちの生活は経済なしには成り立ちません。

現代に生きる誰しもが、何かしらの経済あるいは経済活動に接しながら生きているわけで、決して無縁のことではないと思います。

また、日本においては長い経済不況のなかにあり、先行き不透明であるからこそ、切実な問題であると同時に、大きな不安の種にもなっています。

未来を見通すことはなかなか難しいのですが、その分、過去に学ぶことはできます。これから起こりうる経済の問題について、まずは歴史的にどんなことがこれまであったのかを理解することから始めるのも、経済を見通すための大きなヒントになるのではないでしょうか。

たとえば2008年には、アメリカの住宅バブルの崩壊（サブプライムローン問題）に端を発し、アメリカ大手投資銀行リーマン・ブラザーズが破産したリーマン・ショックによって、世界金融危機が引き起こされました。

このような経済危機に直面した際に、いったいどう考えればいいのか。

仮に僕だったら、やはり歴史のなかにそのヒントを見出したいと思います。

たとえば1929年にもアメリカから始まった世界恐慌というものがありました。世界規模の不況は何も2008年の金融危機だけではないのです。

昔から繰り返し、こうした不況の波があったと考えれば、かつての不況と今の不況がどう違うのか、比較の対象にすることができます。

1929年の世界恐慌では、経済不況に対する各国の対応によって、国際的な緊張関係が高まり、その結果、第二次世界大戦が勃発しました。

2008年当時、僕はそこまでかつての世界恐慌と第二次世界大戦という歴史を知りませんでしたが、仮に知っていたとしたら、ただ単に不況で失業者が増えるという以上に、もっと世界に混乱と不幸が渦巻く可能性があるのではないかと、考えていたかもしれません。

ただ、今日よりおよそ100年前の世界恐慌のときとは違って、2008年の金融危機以降には世界中が戦争に巻き込まれるということは実際にはなかったわけですが、経済と歴史を絡めて考えるとさまざまな発見がありますし、単純に面白いと思います。

経済というと、非常に不確実なもののように思えますが、やはり歴史を知れば、専門家ほどではなくとも、ある程度の予測を立てることができます。自分なりの予測が立てられれば、どういう行動を起こせば良いのか、考える指針にすることもできるでしょう。

2024年11月現在も進行中のウクライナとロシアの問題についても、この戦争が引き起こした経済的な余波はかなり大きいものになっています。

ロシア由来の天然資源ガスなどに依存しているヨーロッパ諸国では、ロシアへの経済制裁によって、かえってエネルギー危機を誘発しかねない状況にありました。また、世界有数の穀倉地帯であるウクライナから小麦の輸出ができなくなったことで、小麦価格の高騰や品不足の懸念もありました。

こうした危機は、たとえば、1973年に第四次中東戦争によって引き起こされた石油危機（オイル・ショック）のように、何度も歴史的には起こったことなのです。

たとえこういうことを知っていたとしても、僕たちそれぞれがひとりの力で何かを変えられるかと言えば、それは難しいでしょう。

けれども、この不確実な世界を生き抜く上では、歴史から得られるものが意味を持つような気がします。

先ほども述べたように、歴史を知ってニュースを見れば、時代の振り子がどこの方向に向かって動き出そうとしているのか、すべてを見通すことはできないとしても、漠とした動き方は見えるのではないかと思うのです。

そこが、歴史を学ぶことの醍醐味であり、だからこそ歴史を勉強していて楽しいポイントだろうと僕は考えています。

人類の歴史は「戦争」の歴史なのか

戦争が歴史を進ませてきた？

僕は歴史を知る上では必ず押さえるべきだと思うのが、「戦争」と「宗教」だと考えています。特に世界史においては、歴史上の重要な出来事のほとんどが「戦争」だと言っても過言ではありません。

人類はここまでお互いに多くの戦争を乗り越えて、現代まで続いてきたのかと思うほどに、これまで多くの戦争がありました。そして、2024年11月現在も、ウクライナとロシアであったり、パレスチナとイスラエルであったり、さまざまな戦争や紛争、争いの火種は絶えず存在しています。

普通の個人の喧嘩の場合でも同じですが、何もないところで突然に喧嘩が起きたりはしません。

喧嘩にはそれなりの原因や理由があるように、戦争にも原因があります。

歴史的に戦争を見る場合に注目したいのは、やはりその原因が何かということです。どんなことで人は互いに争ってきたか。

歴史的に見るといくつかの傾向に分類できることに気がつきます。

たとえば、2022年から続くウクライナとロシアの戦争は、領土獲得の問題にあるようです。ロシアとしては海へと出られるクリミア半島を含めた領土を自分たちの勢力下に置きたいという思惑があることは確かなようです。あるいは17世紀のヨーロッパで30年にも及ぶ戦争となった三十年戦争はどうでしょう。

これは主にドイツ国内におけるプロテスタント（新教）とカトリック（旧教）の争いに端を発した宗教戦争でした。まさに宗教の違いが、争いの火種となったのです。

もしくは20世紀の朝鮮戦争やベトナム戦争の場合はどうでしょう。

これはソ連を中心とした共産主義・社会主義を掲げる東側と、アメリカを中心とした資本主義・民主主義を掲げる西側の勢力争いによって引き起こされた、いわゆる戦後の東西対立による戦争です。

つまり、政治的なイデオロギーの違いと対立による戦争でした。

歴史上の戦争がなぜ始まったのか、より解像度を高くして理解することができれば、翻って、今現在、進行中の戦争は、何が問題で、どんな原因によって始まったのかを読み解きやすくなってきます。

互いに争っている国々は、いったいどんな思惑で戦争をおこなっているのか、その国々のバックグラウンドを知ることでまた理解も深まるでしょう。

そのためにはやはり、その国々の歴史も知っていなければなりません。

ウクライナとロシアの戦争にしても、双方の国の歴史を知らない人には、ただ単にロシアという大きな国が、ウクライナというロシアの横にある小さな国に攻め込んだ、という認識くらいしか持てないでしょう。けれども、もともとはソビエト連邦という巨大な国の中にあったわけで、ウクライナ自体はソ連の影響下にあったのだという歴史を知っているだけで、この戦争の見方はかなり変わります。

より戦争を立体的に理解するには、やはり歴史を知るということに尽きるのではないでしょうか。

日本人には理解しづらい「宗教」も歴史からつかむ

一神教はグローバルな宗教

「戦争」に続いてもうひとつ、歴史を勉強する際に押さえておきたいのが「宗教」です。

宗教の違いが大きな戦争にも発展するほどに、歴史的に見ても人類に大きな影響を与えているのが、宗教だと思います。

ただ、日本人は「無宗教」だと言われるように、苛烈な対立を引き起こす宗教性については、日本人には理解しにくいところかもしれません。その意味では、宗教は日本人の「弱点」なのかもしれないとも僕は思っています。

他の国々の人に比べて、総じて日本人は宗教的な問題に対しての関心が低いのです。日本人からしてみれば、なぜ、宗教の違いが殺し合いに発展し、戦争にまでなるのか、非常に理解しづらい問題でしょう。

現在も続くパレスチナとイスラエルの対立についても、領土問題が争点になっていると日本人なら考えると思いますが、実はそこにキリスト教やユダヤ教、イスラーム教という宗教的な違いが背景に横たわっていることも確かです。

同じ一神教であるこれらの宗教とその歴史を理解することは、実はグローバル化と言われて久しい今日の国際社会を生きる上では必要不可欠の常識とも言えるかもしれません。

それだけに、日本以外の国々では、宗教というものは人々のモラルや道徳、行動の理念として深く根ざしているものなのです。

それを理解することはまさに、他者を理解することであり、世界の国々を理解することにもなります。

翻って、なぜ日本人は宗教に疎いのかという視点にも立つことができるでしょう。

自分が信仰者になる必要はありませんが、さまざまな宗教があり、それを信仰する人々の歴史があるということを、歴史の勉強を通じて知っておくことは決して損なことではないと思います。

ある意味では、宗教を学ぶことは、世界の常識と言えるかもしれません。

歴史を学んで身近な「民族問題」に気づく

急増する在日外国人と「民族問題」

世界の常識という意味では、宗教と並んで知っておくべきなのが「民族問題」だと思います。

日本人の多くが、なんとなく日本とは、「日本人」という「単一民族」の国だと考えて、民族問題というのは移民によって成り立っているアメリカのような国やさまざまな部族が同じ国に暮らしているアフリカ諸国のようなところにしかない問題だと思っているかもしれません。

しかし、アイヌの問題ひとつ取ってみてもわかる通り、日本が果たして「単一民族」の国かどうかは、歴史的に見てもさまざまな議論があります。

また、現代日本を見ても、多くの外国人の方々がさまざまな職場で働いているのを目にすることが増えてきたのではないでしょうか。

最近のニュースを騒がせている埼玉県川口市の在日クルド人の話題もありますが、そもそも移民が当たり前の国だったら、あそこまでクローズアップされることもなかったかもしれません。難民の受け入れについてもかなり厳しい日本（2023年の難民認定率は3・8パーセントと、非常に低い水準です）では、日本国内にクルド人がいること自体、とてもめずらしいことと思ってしまうのかもしれません。

しかし、さまざまな国にいろんな人々が住んでいるということは、グローバル時代の昨今、何もめずらしいことではありません。

ありきたりな言い方ですが、しっかりとニュースを見れば、民族問題への感度を上げることはできると思いますし、どうしてこんなところに外国人がたくさん住んでいるのかを知るには、やはり歴史を学ぶことが一番の近道だと思います。

もちろん、日本にいるのはクルド人ばかりではありません。

ブラジルの人がたくさん住んでいるところもあれば、東京都の西葛西は今や「リトル・インディア」と呼ばれるほど、インド系の人たちが増えています。

自分が住んでいる身近な地域にも外国人の居住が増えているかもしれません。それほど日常的なことになってきているのだと思うのです。

当たり前に見ている毎日の景色でも、雑に扱わず細かく見れば、身近な「民族問題」というのは至るところにあります。そうした人たちに接したときに、きちんと彼らのバックグラウンドを調べて、知識として知っておくことは、ただ単に現代ニュースを見るときだけでなく、日常のなかでも結構役立つ面が多いのではないでしょうか。

これからますます増えていくであろう在日外国人の人たちと、一緒に共生していくには必ず、彼らについて理解しなければなりません。

だからこそ、歴史の勉強が必要なのです。初めは些細なことでもよいと思います。たとえば「東京の新大久保はどうしてコリアンタウンがあんなに広がっているのか」とか、横浜の中華街に行った際に「どうしてこの周辺には中国の人が多いのだろう」とかでも構わないのです。

新大久保のコリアンタウン、横浜の中華街はもはや私たちにとって当たり前の風景ですが、初めからそこに韓国人や中国人が多く住んでいたわけではありません。

そこにも歴史があります。

それを学ぶことが、民族問題の理解にもつながると思います。

「日本」の歴史は「世界」の歴史に結びつけて学ぶ

「世界」のなかでの「日本」を意識する

「民族問題」はまさに日本人にとって世界の接点となるような部分ですが、国際化・グローバル化が著しい近年、専門の日本史研究でも「外交史」が盛んな分野となっているそうです。

そうした傾向を反映してかどうかはわかりませんが、2022年の学習指導要領施行を契機に、日本の高等学校教育の地理・歴史の科目のひとつとして、「歴史総合」という科目が新設されました。

歴史総合とは、旧来の日本史・世界史という区別を無くして、主に近現代の日本史・世界史の両方を結びつけて学ぶ分野です。

その意味では、歴史教育においても、次第に国の垣根を外して、日本史・世界史の両方を学ぶようになってきたわけですが、僕はとても良いことだと思います。

僕自身、高校では日本史と世界史の両方を勉強しました。歴史を勉強する上ではどちらか一方をやるのではなく、日本史と世界史の両方をやるほうがとても理解しやすくなると思っています。

たとえば、朝鮮半島の歴史ひとつとっても、世界史的な視点で朝鮮半島を見ると同時に、日本史的な視点で朝鮮半島を見ることができる。両者の知識が補完し合って、理解が深まりますし、理解の深まりとともに、より歴史の出来事が記憶に定着しやすくなるのです。

歴史が苦手な人からは、「両方やるのって大変だね」と思われるかもしれませんが、むしろ両方やったほうがより歴史が身につきやすいのです。

ですから、歴史を学ぶ際は、日本史と世界史の区別は取っ払ってしまって、日本の歴史と世界の歴史を結びつけて両方から立体的に考えることが重要だと思います。

もちろん、日本人が日本の歴史を学ぶことは大事だと思います。

しかし、その一方で、同時代の世界ではどのように動いていたのかを知ることも大切です。翻って日本の文化や社会の歴史を相対化し、比較しながら学ぶことができるという意味では、世界史を学べば、もっと日本史が理解できるようになるのではないでしょうか。

たとえば、徳川家康が征夷大将軍となり、江戸幕府を開いてから260年ほど続いた江戸時代は、西暦で言えば1600～1867年の間です（いつからいつまでとするかは諸説あります）。その頃の日本人は、まだ刀を差して、頭は月代《さかやき》で着物を着てという武士の世界です。米の生産量である石高が価値の基準となっていた頃です。

当時のヨーロッパではどうなっていたかと言えば、18世紀を通じてまさに近代化が推し進められ、イギリスでは産業革命が起きて急速に工業化が進んでいきました。

そのなかで西洋列強が力を持ち、植民地獲得に動いて、海外へと進出していったのです。

その流れのなかで、幕末の黒船来航があり、不平等条約と呼ばれる日米修好通商条約を結ばされたわけです。

石炭などを用いた蒸気機関を発達させて工業化が進むヨーロッパやアメリカに対して、まだ刀を差していて、工業的にも家内制手工業の段階にしかない日本では、圧倒的に優位なのは、前者の西洋諸国でしょう。

「それじゃあ、舐められちゃうよな」ということが、日本史と世界史の両方を学ぶことでよく理解できるのです。当時の世界における日本の位置がわかるという意味では、やはり日本史と世界史を結びつけて考えれば、圧倒的にわかりやすいし、記憶に定着しやすいと思います。

日本史と世界史。

どっちをやろうか迷うならば、両方やっていたほうが理解は深まりますし、2倍面白い。

また、これは僕の経験上のことですが、日本人同士で会話をしていても、基本的には日本史がベースになっていることが多いと思います。

そこまで世界史のことを知っている人は、日本人では少ないような気がします。日本人特有の内向きになった「ガラパゴス化」と言えばそうかもしれませんが、日本の歴史だけでなく、世界の歴史も知っていると、そこから一歩踏み込んで、より知的な会話ができるようになるかもしれません。

教養のベースとして日本史があり、そこにより世界史を知っていれば、さらに深い解像度で日本史のことも語れるようになるのではないでしょうか。

第2章

「政治」の歴史がわかれば今の社会がわかる

民主主義という体制の歴史を学ぶ

権威主義の台頭と民主主義の危機

それでは本章からそれぞれ、各論・実践学習編に入っていきたいと思います。

第1章でも述べたように、僕たち現代日本人は、民主主義という政治体制・制度を採用した国家のなかで暮らしています。民主主義の体制のなかで生きている人は、こんなに自由で素晴らしい制度はないとしばしば考えると思いますが、近年、世界的に話題になっているのは、民主主義の劣勢と、権威主義体制の国家の台頭です。

イギリスの雑誌『エコノミスト』が毎年発表している世界の民主主義指数によれば、2023年の発表では、完全な民主主義と言われる国は24カ国（欧米諸国や日本、韓国、オーストラリアなど）で、世界の8パーセント以下です。

対して、独裁的な人間や政権によって運営されている権威主義国家はというと、世界59カ国（ロシア、中国、アラブ諸国、アフリカ諸国など）で39・4パーセントにものぼり、増加傾向にあります。

このことから、民主主義への不審がしばしば言われるようになりました。

確かに新型コロナウイルスの流行に対して、国民主権に則った民主主義国家は、その対策の遅れが指摘される一方、国権の力が強い権威主義国家は、強制的な隔離や都市封鎖を通じて、いち早く対応を示すなどその機動力の高さが比較され、注目されたのは事実です。

日本では民主主義が当たり前の現代ですが、世界に目を転じてみると、民主主義とは異なる権威主義体制の国々が増えているわけです。

民主主義の体制のなかで暮らしている僕たちにとっては、それ以外には考えられないと思うかもしれませんが、そもそも民主主義という体制はいったいどんなものなのでしょうか。

歴史的に見て、それはどのように始まったのでしょうか。

「政治」をテーマに歴史を見ていく本章では、まず僕たちが生きるこの民主主義という体制の歴史について掘り下げていきましょう。

議会制民主主義と直接民主主義

そもそも民主主義とは何かというと、その名前にもあるように「民」が「主権」を持つ政治体制のことであり、民主主義の社会において重要なのは、国の指導者や代表者ではなく、あくまでも民の存在です。指導者や代表者が民を先導するのではなく、民が自分たちの指導者や代表者を選ぶのです。

現代日本であれば、選挙によって投票することで、民衆の代表を決めます。各民衆の代表が一堂に会して、政治や法律について相談するのが議会です。これがいわゆる議会制民主主義、もしくは間接民主主義と呼ばれるような体制であり、現代日本もこの政治体制を採用し、運営されています。

これに対して、直接民主主義もしくは直接民主制と呼ばれるものがあります。たとえば、ある法律を作りたいという場合には、議会制民主主義では私たちの代表である議員たちが議会で話し合い、決議を採って決めることになります。私たち民衆は直接的には法律の制定には関わりません。

しかし、直接民主主義では、議員という代表者に自分の決定権を委ねるのではなく、国民それぞれがその法律を作るかどうか、採択に関わり、直接に投票することになります。現代では直接民主主義を採用している代表的な国として、スイスがあります。

間接民主主義にしろ、直接民主主義にしろ、いずれも民主を謳う体制ですから、権威主義とは違って、絶対的な独裁者や国王、指導者が君臨しなんでも決めてしまうのではなく、あくまでも民が主役です。

国民が主導して政治が動くことに、民主主義たる所以があります。

古代ギリシャの民主政は常に僭主《せんしゅ》（権威主義）の芽があった⁉

歴史を学ぶ際に民主主義の源流として挙げられるのが、古代ギリシャの都市国家です。しばしばペリクレスという人物が古代ギリシャの都市国家アテネ（アテナイ）における民主政を完成させたと言われています。

では、ペリクレスが民主政を完成させるまではどんな体制だったのでしょうか。

古代ギリシャには僭主と呼ばれる独裁者がいて、一種の独裁的な支配が行われていました。当時、相続以外の方法で権力を得ることは非合法とされ、僭主を意味するギリシャ語のテュランノスとは、「非合法的に権力を得た者」を指していました。

これによって活躍した代表的な僭主がペイシストラトスです。

ではこの独裁者である僭主による政治、すなわち僭主政が必ずしも悪かったかというとそうではありません。ペイシストラトスは僭主として独裁政治を敷いたわけですが、貧農の救済など、基本的には善政を行いました。その結果、その後のペリクレスが完成させた民主政への土台を準備したとも言われています。ですから、必ずしも僭主政がとても悪かったというわけではないのです。どういう人物が僭主となるかによるのでしょう。

その後、ポリス（都市国家）の独裁者となる恐れがある人物を、陶器の破片に名前を書いて投票する、陶片追放というものが行われました。こうして僭主が登場すること自体を次第に避けるような形が生まれ、民主政へと発展していくわけです。

僭主政には良いところもあるけれども、僭主となる人物が自分のことしか考えないようなとんでもない人物だったら、たまったものではありません。

そういう横暴な僭主を追放する仕組みを、古代ギリシャの人々が考え出し、そこから政治は一人ではなくみんなでやらなくてはいけないという発想に基づいて、民主政というものに向かっていくところは、歴史のダイナミズムとして面白いところがありますね。

他方でアテネの民主政もその後、うまくいったかというと、むしろ反対でした。

アテネの民主政の父であるペリクレスの死後、デマゴーゴスと呼ばれる扇動政治家が登場してしまうのです。もともとは民衆指導者の意味でしたが、民衆に迎合しながらうまく扇動して、権力に都合のよい方に政治を持っていってしまうような政治家が出てきたのです。

その結果、同じ古代ギリシャの都市国家であるスパルタとのペロポネソス戦争での敗北を招くこととなりました。

つまり、たとえ僭主がいなくなったとしても、扇動政治家のような悪い人々が結託すると、結局は悪い政治になってしまうのです。

古代ローマの共和政から帝政へ

その後、古代ギリシャは古代ローマ帝国に組み込まれていくわけですが、ローマの政治体制はもともと、共和政だったところから皇帝が出てくるという順番になっています。普通に考えると、皇帝が倒されて、民衆が権力を持ち共和政が樹立されるというのが歴史の順序かと思われますが、古代ローマの場合は違いました。それは政治体制の歴史を考えるという意味では、面白いかもしれません。

共和政末期のローマでは、「三頭政治」と呼ばれる三人の権力者が協力した同盟関係が、元老院の合議制と拮抗することで政治が運営されていました。しかし、結局はその三者が潰し合いをして、そこから皇帝が生まれていくわけです。

第1回の三頭政治（前60年）では、有名なカエサル、ポンペイウス、クラッススによるものでしたが、ガリア遠征によってカエサルの名声が高まっていきます。

カエサルは自分の娘をポンペイウスに嫁がせることで血縁関係となり、結束を強めました。しかし、2人をつないだカエサルの娘が亡くなると、急速に距離を取るようになり、やがて対立へと発展していきます。

その結果、ローマの内乱を引き起こし、ポンペイウスの暗殺へと帰結しました。

クラッススは東方遠征においてパルティアの戦いで戦死しており、以後、カエサルの権力が強まり、独裁者として君臨するようになります。

しかし、よく知られているように、共和政の維持を主張する元老院派のブルートゥスらによって前44年に暗殺されるのです。

その後、カエサルの部将であるアントニウスやレピドゥス、そしてカエサルの養子にあたるオクタウィアヌスの三者で第2回三頭政治が続けられ、抗争の果てにオクタウィアヌスが初代ローマ皇帝となって、ローマ帝国を樹立するのです。

民主主義のメリット・デメリット

このように歴史を紐解くと、ある意味では民主主義と権威主義は絶えず、その覇権を争う形で、繰り返し登場と退場を繰り返しているように思います。

僕たちは自分たちが住む民主主義の体制のほうが素晴らしいと考えがちですが、かつて古代アテネの民主政のなかで、扇動政治家が現れ、衆愚政治が行われたように、民主主義自体が完璧な制度かと問われれば、別にそんなことはないわけです。

戦前・戦中のような軍部が力を持ち、戦争をしていた時代から比べると、日本の戦後民主主義は、少なくとも戦争は行いませんでした。

税金を上げるのか下げるのかという争点くらいしかないようにも思えますから、そこまで現代日本の民主主義に対して僕たちが不安に思う必要はないのかもしれませんが、必ずしも民主主義だけが平和的で素晴らしいわけではないということが、歴史的な教訓としてわかってくるでしょう。このように民主主義と権威主義の歴史を見ていくと、それはいずれにも良い部分もあれば、悪い部分もあるわけです。

いずれにもメリットとデメリットがあるわけで、時代ごとの状況に合わせて、良い政治体制を先人たちはその都度、選んできたのでした。ですから、何も現代世界において、民主主義国家よりも、権威主義国家のほうが多いということは驚くべきことではないのかもしれません。

あくまでも日本においては、政治体制のメリット・デメリットを考えて、民主主義という体制が今の時代の人々には選ばれているということなのです。

これが仮に、かつてのような戦争の時代に突入した場合には、もしかしたら力のあるひとりのリーダーのもとにまとまるほうが合理的だということにもなるかもしれません。あるいはもっと与党が強権的になって、いろんな法律をどんどん作っていったほうが発展のスピードが速いからいいんだと考える人が増えたら、そうしたある種の権威主義体制になっていく可能性だって秘めています。

このように、歴史を知ると、今現在の政治体制が必ずしも絶対で、当たり前のことではないということが、改めて意識されるのではないでしょうか。

世界のスタンダードは二大政党制

昔と今では異なるアメリカの民主党と共和党

第1章でも少し触れましたが、近年、アメリカ大統領選が話題になりました。民主党の代表者候補であるカマラ・ハリス副大統領、そして、共和党の代表者候補であるドナルド・トランプ前大統領。双方の言動が常に注目されていますが、この民主党と共和党という二大政党がそれぞれ大きな力を持ち、またその力を拮抗させることで、アメリカの巨大な政治が動かされてきました。

また、現在のイギリスも保守党と労働党という二大政党体制が顕著な国です。

このように、世界の民主主義国家のスタンダードは、力の拮抗した二大政党制によって成り立っています。

しかし、転じて日本の政党を見てみると、やはり与党の自民党が強く、野党第1党の立憲民主党は議席数では自民党に及びません。2009年の民主党時代には、衆議院選挙で自民党を破り、政権交代を実現しましたが、確かな二大政党制はそう長くは続きませんでした。2024年10月の衆議院選挙では、立憲民主党が議席数を伸ばしましたが、単独で自民党を上回ることはできませんでした。

日本の場合、二大政党にまでは達せず、自民党という一強与党に対して、複数の野党が存在するという、世界のスタンダードからすればやや稀な政党の体制が、これまで続いてきたと言えます。

ここでは現在のアメリカやイギリスを例にとって、二大政党制の歴史を簡単に見ていきたいと思います。

現在のアメリカの大統領選をより深く理解する際には、この民主党と共和党という二大政党制による政治体制を考えざるを得ません。

まずその歴史を見ていきましょう。

民主党とは、1832年にジャクソン大統領の支持者たちが称した党です。1820年代から政党として活動していたとされますが、「民主党」という名前が用いられたのは、ジャクソン大統領の時代からだったとされています。

当初は、西部や南部の自営農民を支持基盤とした政党でしたが、やがて、南部の黒人奴隷制の支持層が主流を占めるようになります。しかし、1861～1865年の南北戦争によって南部が敗北したことで、大打撃を受けたものの、南部の復帰とともに勢力を回復させ、やがて北部の労働者層や移民層の支持を獲得し、北部党員が主流となり、共和党に対抗する二大政党の一翼にまで発展しました。

20世紀以降には、国際連盟の創設に尽力したウィルソン大統領や世界恐慌や第二次世界大戦への対応で活躍したフランクリン・ルーズベルト大統領などを擁し、革新政党としての性格を強めていきました。労働者層や黒人層に支持を受けて、人種差別にも反対する党へと成長します。戦後では、暗殺されたJ・F・ケネディや、黒人として初の大統領となったバラク・オバマらが活躍しました。

他方、今日では保守色の強い共和党は、1854年に結成された当初は、奴隷制反対論者を中心とした党でした。1860年にエイブラハム・リンカーンが大統領になると、南北戦争を指揮し、奴隷解放を進めました。世界恐慌以降は、民主党に政権の座を渡しますが、戦後の50年代以降は、保守政党として、二大政党の一角を担っています。

現代アメリカでは、共和党が保守で、民主党が革新・リベラルですが、結成当初の各党の性格は真逆で、民主党は黒人奴隷制の肯定派である保守であり、共和党は逆に奴隷解放を進めた革新政党でした。

このように、アメリカの二大政党は、昔と今では全然違う点が興味深いところです。ある時期から票田が逆転したことで、各政党が唱える政策も逆転するというようなことが起きています。その意味では、二大政党と言っても、ある種の器のようなものだと捉えるほうがわかりやすいのかもしれません。いずれも特定のイデオロギーに固持するのではなく、その時々の選挙に勝つための組織に過ぎないとも言えそうです。

アメリカで大統領になろうと思ったら、結局は各党内の代表者選を勝ち抜き、それぞれの党の代表となる必要があり、最後は州ごとの投票で決めるという形式になっています。

それは党を前提としたシステムであり、民主党・共和党という二大政党が基盤となるわけで、ここになかなか新しい第3党が割り込むスキはありません。

保守党と労働党、イギリスの二大政党制はいかに始まったか

アメリカは民主党と共和党による二大政党制が続いていますが、より政治的な発展

が早かったイギリスもまた、早くから二大政党制を基礎とした政治が行われていました。かつては、保守党と自由党という二大政党でしたが、その後、自由党から労働党に代わって、二大政党制が維持され今日に至ります。

ヨーロッパの国々は、かつて中世の頃は基本的には国王を中心とした王国、君主制の国が主だったものでしたが、そこからいかに国王の権限を制限するかという方向に舵を切っていきました。

元来、イギリスも「王」がおり、その王権によって政治が行われていました。しかし、13世紀、イギリス国王ジョンの治世にあって、大きな転換期が訪れます。

ジョン王はフランス王フィリップ2世と対立、フランス出兵のために諸侯らに軍役を課したことで、人々の不満が高まっていました。ジョン王は戦争を強行しますが、敗北を喫します。

結果、諸侯らはジョン王への忠誠を破棄し、ロンドン市民も呼応して反乱軍が立ち上がりました。こうして1215年6月、ジョン王に大憲章（マグナ＝カルタ）に署名させ、これを認めさせたのです。

この大憲章（マグナ＝カルタ）は諸侯の権利を国王に認めさせるとともに、国王が軍役免除金を課すに際しては、諸侯による議会の承認を得なければならないとした点で、画期的でした。

つまり、議会によって国王の王権を制限するというものなのです。ここに法の支配と議会政治の成立、ひいては民主主義という政治の仕組みの転換点を見出すことができます。

その後、ヘンリ3世が国王になると、ジョン前王が承認した大憲章（マグナ＝カルタ）を否認し、ふたたび重税策を取り課税をしようとしました。これに対し反発したのが、シモン＝ド＝モンフォールら貴族たちでした。

1258年に「オックスフォード条項」をヘンリ3世に認めさせ、その後、議会の開設も承認させます。こうして、1265年には貴族や聖職者、各都市の代表らをロンドンに招集し議会を開きました。

いわゆるモンフォール議会と呼ばれるものです。

その後、この議会自体は定着こそしませんでしたが、13世紀の段階ですでにのちの議会制の枠組みが登場しているというのは、歴史的に見て、非常に早いと思います。

ここでも先ほど民主主義と権威主義の項目で見たように、ジョン王やヘンリ3世という権威者の悪政や失政を正す形で、議会というものが生まれたことに注目したいと思います。

何もジョン王が立派な政治を行う君主であれば、大憲章（マグナ＝カルタ）のような法によって王権を制限するということは必要なかったでしょう。

それでうまくいくならば、ずっと君主制が続いていたかもしれません。

しかし、歴史の流れはそうではありませんでした。民主主義的な政治と権威主義的な政治が振り子のように行ったり来たりしながら、交替を繰り返してきたのです。その過程で、法の支配や議会政治は、まさに必要に迫られて誕生したのでした。その延長線上に、現代の二大政党制があると言えるでしょう。

ただ、まだこの頃は政党というものが存在していません。イギリスでは、その後、17世紀になって議会のなかに政党というものが生まれます。

クロムウェルらのピューリタン革命を経て王政復古となると、イギリス議会では、チャールズ2世の相続者として、カトリック教徒の王弟ジェームズの即位を認めるか認めないかで意見が大きく割れました。このとき、即位を認めない議員らをホイッグ党、即位を認める議員らをトーリ党と呼びました。

ホイッグ党は王権を制限し、人権保護を重視したいわゆる革新派で、自由党の前身となった党です。敵対するトーリ党から「スコットランドの謀反人」を意味する「ホイッグ」と呼ばれ、やがて自称するようになりました。対するトーリ党は、王政存続を容認する保守派であり、保守党の前身となった党です。これもまた敵対するホイッグ党から「アイルランドの無法者」を意味する「トーリ」と呼ばれ、やがて自称するようになりました。

対立する二党でしたが、ジェームズ2世がカトリック復帰策を明確に打ち出すと、両党は共闘して名誉革命を実現し、国王を追放するに至ります。

しかし、やがて新たに王位継承問題が起こると、ホイッグ党はハノーヴァー選帝侯ジョージ1世を支持、トーリ党はジェームズ2世の子で、ステュワート家のジェームズ＝エドワードを国王に復帰させようとします。そのためにトーリ党はジェームズのラテン語名に由来する「ジャコバイト」と呼ばれました。

ハノーヴァー朝のジョージ1世が即位すると、ジャコバイトの反乱が起きますが鎮圧されました。以後、ハノーヴァー朝ではトーリ党は危険分子と見做されて、議会でも少数派に留まりました。

議会の多数派となったホイッグ党からはウォルポールが実権を握り、実質的な初代内閣を作ります。

ハノーヴァー朝のジョージ1世は、ドイツ出身で英語ができず、イギリスの政治にも関心を示さず、全く関与しなかったとされます。それゆえに、当時のイギリスでは内閣が国政の全責任を負うという、いわゆる「責任内閣制」が発足しました。

　こうして、国王は「君臨すれども統治せず」という有名な言葉で象徴される立憲君主制の原則が確立することとなったのです。

　少数派となったトーリ党でしたが、18世紀末のフランス革命の時代に保守勢力として盛り返し、1830年代に保守党となります。また、ホイッグ党は、産業革命以降、自由主義の立場を取り、改革を推進。1830年頃より自由党となります。

　こうして保守党と自由党は20世紀前半までのイギリスの二大政党となり、また20世紀後半以降は自由党に代わり労働党が台頭してきたことで、保守党と労働党の二大政党制で今日に至るのです。

　イギリスでは、二大政党の発展のなかで、「君臨すれども統治せず」という立憲君主制が確立されたわけですが、日本でも現在の政治体制では、天皇は政治を行わず、日本国の象徴という立場にあります。

　民が中心である民主主義において、なぜ、皇室や王室などが残っているのか。そこにもそれなりの歴史があるのです。

右翼と左翼の違いは座席の位置の違いでしかない？

ここまで見てきたように、イギリスの二大政党制は、保守党と労働党という、いわば保守と革新という両極的な2つの党が拮抗することで成り立っています。

近年、ヨーロッパ諸国では極右もしくは右派の勢力が増しているという報道がされることがありますが、保守＝右翼、革新＝左翼というイデオロギーの対立はそもそも、どのようなものだったのでしょうか。

より単純化して言えば、なぜ保守を「右翼」、革新を「左翼」と言うのでしょうか。やや蛇足的ですが、二大政党制に関する歴史の最後にちょっとだけ付け加えておこうと思います。

そもそも、この右翼・左翼という言葉の由来を歴史的に見ていくと、18世紀末のフランス革命の時期にまで遡ります。フランス革命の初期、三部会から分離して、第三身分を中心に発足した国民議会に端を発しています。

この国民議会は憲法制定のための議会で、1789年7月14日の有名なバスティーユ牢獄襲撃から民衆蜂起が拡大すると、この国民議会がフランス革命の中心的な機関となりました。旧体制の封建的な既得権益を廃止し、人権宣言などの重要な決議を担い、1791年の憲法制定まで存続しました。

この国民議会には主張の違いから、有名なロベスピエールの共和派から、王政派、立憲派、三頭派など複数の党派に分かれていました。1789年9月の国王の拒否権を認めるか否かをめぐる論争以降、議場では党派ごとに分かれて席を占めるようになります。

議長の左側には共和派や三頭派が座し、反対の右側には旧体制然とした既得権益を容認する一派が席を占めました。この国民議会における党派の座席はやがて固定され、ここから議場の右側＝保守・王党派＝右翼、議場の左側＝革新・革命派＝左翼と呼ばれるようになったのです。

こうして右翼・左翼という言葉が生まれ、現代においてもイデオロギーの違いを示すものとして定着したのでした。

今日でも右翼・左翼の対立は時に過激化することもしばしばですが、元を正せば、議会における座席の左右だったというのは、なかなか傑作です。

こういう豆知識も、歴史の面白さのひとつだと思います。

ブレグジットから見るヨーロッパの成り立ち

イギリスのEU離脱という衝撃

２０１６年６月、イギリスでEU（ヨーロッパ連合）離脱の是非を問う国民投票が行われ、僅差でしたが離脱支持が多数となった結果、本当にEUを離脱してしまうという驚きの事態となりました。ブレグジットの強硬派だった当時のボリス・ジョンソン首相のもとで、２０２０年１月に正式にイギリスはEUから離脱しました。

１年間の移行期間を経て、現在は完全にEUから離脱し、このイギリスのEU離脱のことをブレグジット（「Britain（イギリス）」と、「exit（離脱）」という言葉を組み合わせた造語）と言います。

さて、EUから離脱したイギリスですが、そもそもEU（ヨーロッパ連合）、ひいてはヨーロッパ（欧州）という枠組みはいかに成立したのでしょうか。

当たり前のようにあったヨーロッパ連合という枠組みから離脱するとはいったいどういうことなのでしょうか。ヨーロッパの成り立ちから改めて、今回のイギリスによるEU離脱という事態を考えてみたいと思います。

ヨーロッパの成り立ちを歴史的に見る

そもそも「ヨーロッパ」がひとつのまとまりの概念となったのは、中世以降の話になります。キリスト教に基づく共通の文化的基盤に加え、またゲルマン系のフランク王国が成立したことで、ひとつの統一的なつながりができるようになりました。

このフランク王国は、800年にローマ教皇からローマ皇帝の冠を授けられたカール大帝の登場によって最盛期を迎えます。カール大帝の息子である「敬虔王《けいけん》」ことルートヴィヒ1世が亡くなると、王国は分割相続されることとなり、843年にヴェルダン条約が結ばれました。こうしてフランク王国は、東フランクと西フランク、中部フランクに分裂します。

さらに870年のメルセン条約を経て、中部フランクが3つの地域に解体されました。これが、現在の西ヨーロッパの中心的な国々であるドイツ、フランス、イタリアの原形となります。

ドーヴァー海峡を挟んだイギリスでも、当初はアングロ・サクソン七王国（ヘプターキー）と呼ばれる小王国に分かれていました。

フランク王国の解体と同時期の9世紀以降、統合の動きが進み、10世紀頃には、ほぼ統一されてイングランド王国が成立します。これが、現在のイギリスの原形となります。

このように、同時期にその原形が形成されたイギリスやフランス、ドイツといった国は、ヨーロッパのなかでも中心的に位置付けられる国々です。中世末期以降、こうした絶対王政の主権国家が拮抗しながら発展していき、ルネサンスや宗教改革、大航海時代を通じて、スペインやポルトガル、オランダなどの影響力が拡大していきます。その後、18世紀後半にイギリスで起きた産業革命を契機に、ますます近代化・機械化の一途を辿り、やがてヨーロッパの統合へと向かうのです。

ヨーロッパのなかでも、やはりイギリスとフランスがとりわけ強い2大国家という印象がありますし、ドーヴァー海峡を挟んで向かい合う両国は、百年戦争など長い争いの歴史もあります。

いずれにしろ、現在のヨーロッパの統一は、もっと時代がくだって、20世紀の戦後体制のなかで急速に成立したものでした。ヨーロッパ中が戦場となった二度の世界大戦を経験し、ヨーロッパ各国は相当に疲弊していました。

東西の冷戦対立が強まるさなかの1947年、トルーマン政権下のアメリカでは、国務長官マーシャルがヨーロッパの経済復興支援計画を発表します。いわゆるマーシャル・プランです。ヨーロッパ諸国の戦後復興をアメリカが支援することで、ヨーロッパの経済の安定化を図り、これによってソビエト連邦や共産主義勢力を牽制しようと考えたのです。ソ連の影響力の強い東欧諸国の多くは、このプランを拒否しますが、西側諸国は受け入れました。

結果、その受け入れ機関として、イギリス、フランス、西ドイツ、イタリアなどを中心に、ヨーロッパ経済協力機構（ＯＥＥＣ）が発足します。こうして、西側諸国の戦後復興が進みました。その後、1952年には、フランス、西ドイツ、イタリア、そしてベネルクス3国（ベルギー、オランダ、ルクセンブルクのこと）の6カ国によって、石炭・鉄鋼の生産を共同管理するヨーロッパ石炭鉄鋼共同体（ＥＣＳＣ）が発足します。国境付近の石炭・鉄鉱石などの資源の共同管理と、ヨーロッパ独自の経済基盤を確保することでアメリカ依存を脱却することが主な目的でした。

その後、ＥＣＳＣは１９６７年にヨーロッパ共同体（ＥＣ）へと発展。

発足当初は、フランス、西ドイツ、イタリア、そしてベネルクス3国の6カ国だけでしたが、１９７３年にこれまで加入を拒否していたイギリスが参加。アイルランドやデンマークも加盟し、拡大ＥＣとなります。80年代に入ると、ギリシャやポルトガル、スペインが加盟し、12カ国体制となりました。

経済、政治、安全保障など、さまざまな部門での統合が強化され、１９９３年のマーストリヒト条約によって、現在のヨーロッパ連合（ＥＵ）が誕生したのです。

これがＥＵ発足の歴史的な経緯ですが、その後、１９９５年にフィンランド、スウェーデン、オーストリアが新たに加盟し、15カ国体制になります。２００２年には統一通貨であるユーロの発行・流通も始まり、ますます統一感・統合を強めていきました。このような歴史的経緯を見てもわかるとおり、そもそも、イギリスはＥＣに入るのもかなり遅かったのです。

それまで、歴史的にイギリスという国は、あえて孤立すると言うと変ですが、あまり他の国々と手を携えてということがなく、独自の動きをしたがるのです。

しかし、ＥＣの影響力が拡大するのを見てとって、１９７３年に加盟を決断します。

つまり、あくまでも自国の利益を優先して、利点があるならば参加するという態度は一貫しているのです。

そのことを踏まえて、今回のブレグジットを見ると、イギリスは全くブレていないと僕は思います。利点がなければ、EUも意味がない。益がないならさっさと抜けてしまう。歴史的に見ていくと、ブレグジットは起こるべくして起きているように思えます。EUに参加していても、メリットはないと踏んだのでしょう。

イギリスらしい決断

イギリスが抜けたのちのEUでは、公用語をどうするかという問題も出てきそうです。ヨーロッパ諸国は本来、英語が母語というわけではありません。影響力の強いイギリスがいて、かつ世界的に使用されているからという点で英語が共通言語として用いられているに過ぎません。イギリスが抜けてしまったら、もう英語を使う必要もないなということになるかもしれません。

ブレグジットの是非を問う投票でも、僅差でEU脱退が決まったわけですが、いずれにしろ、イギリスの決断は、あくまでも自分たちに利があるかどうかです。

イギリスという国は、非常に露骨なかたちで、自分たちの国益を一番に考える国だと僕は思います。そういう意味では、今回のブレグジットも、歴史的に見ると、実にイギリスらしい決断なのです。

たとえば、1713年のユトレヒト条約というものがあります。これはしばしば「名を取ったフランス、実を取ったイギリス」と言われています。当時、フランスのルイ14世が孫のフェリペを、スペイン王の継承者としたことに端を発して、フランスとスペインの連合軍と、イギリスやオランダ、オーストリア、プロイセンらの連合軍が対立したスペイン継承戦争が勃発しました。また、同じ時期に、イギリスとフランスの間でアメリカの植民地の覇権を巡った争いであるアン女王戦争が起きます。

この対立の結果、フランスやスペイン側は劣勢となり、ユトレヒト条約が交わされて、講和が成立しました。結果、フェリペのスペイン王位は認められましたが、実質的にはイギリスが領土を拡張し、奴隷供給権（アシエント）を獲得するなど、植民地を拡大し、帝国を築き上げる第一歩を踏み出すきっかけとなったのです。

フェリペのスペイン王継承を認める代わりに、多くの領土を獲得したイギリスは、まさに大義名分よりも、実をとったわけです。このように率直に自国の利益を追求する姿勢は、歴史を通じて、イギリスにしばしば見られる態度だと思います。

ですから、イギリスがEUを離脱するというのは、確かに最初にこの話題を聞いたときは僕も驚きましたし、大変な出来事だと思いました。しかし、その一方で、世界史を通じて、イギリスがこういう動きをするというのは、たくさんあったことなのです。ブレグジットのニュースに接して、今でもそうなんだなと、変に納得した覚えがあります。

離脱派はEUから離脱することで、さまざまな利益があると主張しました。特に深刻化する国内の経済的格差を改善し、社会問題として懸念されたEU諸国への移民流入もまた解消されると考えたのです。イギリスには無償で公的医療サービスを受けられる「NHS」という医療制度があります。EUを離脱すれば、EUに支払っていた週あたり3億5000万ポンドの予算が浮き、そのぶんをNHSの予算に回すことができると、離脱派はアピールしました。また、移民の流入による国家の安全保障への懸念から、ボリス・ジョンソンらは、「国境のコントロールを取り戻す」と主張。経済的な利益や国民保険サービスの保護、安全保障の側面で、イギリスはEU離脱によって「主権を取り戻す」ことができ、そのために利益があるとしたのです。

こうしたイギリスの利益が見込めると、イギリス国民が判断したからこそ、EU離脱という現象が起こったのです。それは歴史的に見ても、実にイギリスらしい決断だったと思います。

現代インドの台頭とイギリスによる植民地統治の歴史

現代インドの躍進と発展

さて、前節はイギリスのEU脱退について、ヨーロッパの歴史やイギリス自身の政治的決断の歴史を通じて、簡単に見てきました。

先述したように、イギリスはいち早く産業革命を起こし、近代化したヨーロッパ列強の強大な帝国として、世界にその覇権を広げます。イギリスがそのような強大な力を持ち続けられたのは、明らかにインドをはじめとする植民地支配を通して、そこから得る益を吸い上げてきたからです。しかし、20世紀後半を通じて、植民地の独立が相次ぎました。これにより、イギリスも相対的に弱体化していくわけですが、独立した各国も旧宗主国とのつながりを保ちました。ただ、そうした独立した新興国のなかでも、21世紀に入って目覚ましい経済成長を実現した国々も多くあります。そのうちの代表的な国が、まさにインドでしょう。

今や、旧宗主国のイギリスをも凌駕するほどの経済発展国となったインドは、GDPではイギリス、フランスを抜いて、世界5位です。今後は日本やドイツを抜いて、世界3位にまで躍進することが確実視されています。

経済成長率の予想では、IT業の躍進や人口の多さなども含めて、中国を凌ぐほどの高い経済成長率の継続が見込まれています。

このように21世紀の今日、目覚ましい飛躍を遂げている現代インドですが、そもそもインドとはどんな国だったのでしょうか。

現在のインドの躍進と今後の世界的な影響を考える際に、ざっくりとでもよいから、その歴史を知っているほうがいいと思います。

本節ではインドという国家について、歴史的に少し深掘りしてみましょう。

さまざまな宗教が入れ替わり立ち替わりしたインドの歴史

ざっくりとインドを理解する上で、やはり宗教に注目するとよいのではないかなと僕は考えています。

宗教については第5章で集中的に取り扱いますが、インドという国の歴史を考えたときに、さまざまな宗教が時々の王朝と結びつきながら栄枯盛衰を繰り返した国だったのではないかと思うのです。

つまり、インドとは仏教が始まった国であると同時に、ヒンドゥー教が生まれた国でもあるということがひとつの重要なポイントなのだと思います。また、2つの宗教を生み出しているという特異な国であるとともに、他方でイスラーム国家になったこともあるのです。もし、1000年の寿命を持つ人間がいたとして、インドに住んだりしたら、とんでもないことになりそうです。

この前まで仏教の国だったのに、いきなりヒンドゥー教の国になったと思ったら、今度はイスラーム教の国になってしまったという、激動の毎日を送る結果になったのではないかなと思います。

古代インドでは、前6世紀頃に、ガンジス川の流域にコーサラ国やマガダ国などの都市国家が成立します。この頃、すでに現代まで続くカースト制度がありましたが、それを批判したのが、シャカ族出身のガウタマ＝シッダールタ、つまりお釈迦様でした。これがのちに仏教として発展していきます。同様に従来のカースト制に批判的な新しい宗教として、ヴァルダマーナによるジャイナ教も登場します。

前4世紀頃にインド最初の統一王朝であるマウリヤ朝が成立します。この王朝は、仏教を手厚く保護しました。また1世紀頃、インド北西部に成立したクシャーナ朝でも仏教は保護されています。

マウリヤ朝が滅亡したのちの前2～後3世紀頃までのおよそ500年間は、インドは分裂の時代を迎えますが、4世紀にマウリヤ朝と同様にマガダを中心とするグプタ朝が成立、北インド全域を統一します。このグプタ朝では、仏教とともに、かつてのバラモン信仰を復興させ、ヒンドゥー教が発展しました。

やがてグプタ朝が衰退すると再びインドは分裂状態になりますが、7世紀に改めて北インド支配を回復したのが、同じくマガダを中心とするヴァルダナ朝でした。

ハルシャ王の頃に繁栄し、仏教とヒンドゥー教を手厚く保護したことで知られます。三蔵法師で有名な唐の僧・玄奘《げんじょう》がインドにやってきて、ナーランダー僧院で学んだのもこの時期でした。

しかし、ハルシャ王の死後、王朝は急速に衰え、また各国に分裂。711年にウマイヤ朝がインダス川流域に侵攻し、インドの支配はイスラームの王朝に取って代わられるのです。やがて14世紀頃になると、中央アジア勢力のティムールが、たびたびインド侵入を企てます。

1526年にはその子孫であるバーブルが、デリーのロディー朝を破り、ムガル帝国を樹立しました。このムガル帝国も、イスラーム国家です。

イスラームは異教であるヒンドゥー教や仏教と対立し、仏教は一度、インド国内ではほぼ消滅してしまいます。ただカースト制とともにインド社会に深く根づいたヒンドゥー教に対しては、融和策が取られました。

17世紀後半以降、ムガル帝国が衰退するにつれて、イギリスやフランスといったヨーロッパ列強による植民地主義政策が進行します。1757年のプラッシーの戦いでイギリスが勝利し、イギリス東インド会社を通じて、イギリスによるインドの植民地支配が拡大していきました。

植民地支配からの脱却と現代インドへの道

18世紀後半にはイギリスで産業革命が起こり、まさにイギリスによるインド支配と産業化・工業化は並行して展開していきます。機械化によってイギリス国内での綿製品の製造が盛んになると、インドからは原料として綿花を大量に輸入するようになりました。こうした植民地経営を通じてイギリスは「大英帝国」として世界中に覇権を広げていきますが、反面、インドは産業・経済的に宗主国であるイギリスに依存せざるを得ない体制になってしまいます。

植民地支配に反発して、インドではとうとう、1857年にインド大反乱（シパーヒーの反乱、セポイの乱）が起こります。東インド会社の軍勢はこれを鎮圧し、ムガル皇帝を退位させたことで、ムガル帝国は滅亡しました。

また、反乱を引き起こした東インド会社への批判も強まり、これも解散となります。以後、インドはイギリス本国の政府が直接統治下に置きました。1877年にはヴィクトリア女王を皇帝に据えたインド帝国が成立。インドはまさに大英帝国の一部に組み込まれる形となります。イギリスはヒンドゥー教とイスラームの対立を利用しながら、インドの分割統治を行いました。

現在のインドがなぜ、またヒンドゥー教を中心とした国になっているのかというと、この頃のイギリスによる分割統治がひとつの起源だと言ってよいでしょう。つまり、ヒンドゥー教徒が多い地域とイスラーム教徒が多い地域を分割したわけです。

1905年、インド総督のカーゾンによって、ベンガル地方を、ヒンドゥー教徒が多い地域とイスラーム教徒が多い地域で分割し、インド国内の民族運動の高まりを抑制するために、ベンガル分割令が制定されます。

表向きは人口800万のベンガル州が、行政区画としては広大なためという理由で、ビハール、オリッサ、アッサムの3区画に分割されました。この区画はヒンドゥー教徒の居住区と、イスラーム教徒の居住区を分ける線となったのです。しかし、これに対して、インド側からの反発も強く、反英闘争が盛り上がりを見せます。

自治を求める運動はやがて、有名なマハトマ・ガンディーの指導のもと、インド独立への道を歩むことになりました。

インドの統一的な独立でネックになったのは、イギリスの分割統治に見られた、宗教間対立です。イギリスはそれを煽ることでインドにおける民族運動を抑止したわけですが、ヒンドゥー教とイスラームの間での対立はやはり深刻なものでした。

このようなイギリスの分断政策もあり、第二次世界大戦後には、インドの統一的な独立は困難な状況となってしまったのです。

そのため、1947年にヒンドゥー教徒はインド連邦として、イスラーム教徒はパキスタンとして分離独立の道を歩むこととなったのです。両宗派が混在する地域では、それぞれの国家へと大移動が実施され、さまざまな混乱と衝突を招くこととなりました。こうして、ヒンドゥー教を中心とした現代インドへと発展していったわけです。

このように歴史を見てくると、現代インドの成り立ちには、古代からさまざまな宗教と王朝の盛衰があり、その土台の上にイギリスによる植民地支配が大きな影響を与えたことがわかってきます。

イギリスは世界的にも工業化・近代化が早かった国です。そのイギリスの統治を受けて、インドの産業自体も一定の発展を遂げたとも言えます。

その意味では、現代インドの躍進は、歴史的に見れば、イギリスの支配があったからとも言えそうです。しかし、こうした歴史を踏まえて、イギリスとインドの関係を見てくると、現代ニュースでも面白い事例に出くわすことがあります。たとえば、イギリスの前任の首相であるリシ・スナクは、アフリカから移住したインド系の両親を持ち、イギリスで生まれています。いわばかつての植民地にルーツを持つ人物が、近年のイギリス本国の政治中枢にいるわけです。

GDPでイギリスを抜き、成長の著しいインド。

いまや、そこにルーツを持つ人物が、イギリスの政治を中心的に動かしているというのは、歴史の皮肉というべきか、あるいは歴史のダイナミズムと呼ぶべきか。

いずれにしろ、数奇な歴史の流れを感じさせます。

こういったところも、歴史を学ぶことの面白さなのではないかなと思います。

一帯一路を突き進む中国の覇権の歴史

中国の覇権と中華思想

前節では現代インドの躍進について見てきましたが、インドに先行するかたちで目覚ましい経済発展を遂げたのが現代中国です。

長らく国家主席の地位にある習近平が2013年から打ち出した「一帯一路」という巨大経済圏構想により、現在の中国のGDPはアメリカに次ぐ世界第2位にまで成長しています。米中対立と呼ばれるように、アメリカの経済圏を脅かす存在として、中国の覇権の拡大を告げるニュースが近年は特に多く報道されていると思います。そもそも歴史的に見ると中国の覇権にも長い歴史があります。

特に、中国では有名な「中華思想」を土台とした近隣諸国の統治システムが、伝統的にあった国家です。漢民族は、自国を世界の中心に据えて「中華」と呼び、周辺の異民族への優越性を主張していました。これを中華思想と呼びます。

周王朝から始まり、春秋戦国時代を通じてこのような考えは強化され、漢代に及んで、漢民族の世界観として成立します。漢民族を中心とし、周辺の民族はそれぞれ、東夷《とうい》、南蛮《なんばん》、西戎《せいじゅう》、北狄《ほくてき》と呼びました。

この中華思想に基づいて、冊封体制という国際秩序体制が成立しました。この秩序下では、朝鮮やベトナムなどの各国と朝貢貿易を通じて、関係を築き上げます。

朝貢貿易は、各国は中国の王朝に自国の統治権を認めてもらうことで、自らの権力のお墨付きをもらい、代わりに各国の権力者は中国に使節を送って挨拶に伺うというものです。

日本と中国の関係は古来、対等な関係とされてきましたが、事実上の朝貢貿易を行っていました。さまざまな王朝が入れ替わりながらも、東アジアにおける強国として君臨してきた中国ですが、近代化という面ではやはり出遅れてしまったと言えるでしょう。

それが露呈したのが、アヘン戦争や日清戦争の頃のことだったと思います。

中国の近代化の歴史

前節で見たように、19世紀にはイギリスはインドをはじめとして植民地支配を拡大することで、巨額の利益を手にしていました。

イギリス政府と東インド会社は、イギリス国内で麻酔薬としても使用されていたアヘンを、ベンガル地方で大々的に栽培します。そして、それを中国に輸出し大きな利益を得ていました。当時の中国は清ですが、清ではアヘンの蔓延による中毒患者の増大を問題視し、アヘンを没収して焼却していました。これに対して、イギリス政府は「財産」に対する侵害だとして、賠償請求を主張したのです。

1840年、このアヘンをめぐる係争が戦争へと発展していきます。いわゆるイギリスによる中国への侵略戦争であるアヘン戦争が勃発です。

この戦争によって中国を破ったイギリスは、1842年に南京条約を締結し、香港の割譲など、植民地の獲得を実現します。これが西洋列強による東アジアへの植民地進出の第一歩となりました。

イギリスに敗れ、不平等条約を結ばされた清は、権威を失墜させ、中華思想に基づく朝貢貿易も衰退へと向かうことになります。アヘン戦争での清の敗北は、まだ江戸の幕藩体制を敷いていた当時の日本にも伝わり、激震が走りました。対外姿勢の改めや砲術などの軍備の拡充など、対応を余儀なくされています。

明治維新によって開国と近代化を進めた日本は、やがて衰退しつつある清と朝鮮での権益をめぐって争い、日清戦争へと突入していきました。この戦いは日本側の勝利に終わりますが、清としては、ベトナムをめぐってフランスと争った清仏戦争に続く敗北であり、大きな打撃となりました。台湾の割譲、多額の賠償金、朝鮮における宗主権の放棄など、「眠れる獅子」と呼ばれた清の衰退は明らかでした。

以降、中国は各国による植民地支配の勢いに押される形となりますが、転機となったのは、アメリカのフランクリン・ルーズベルトの登場でした。

彼は、東アジアにおいて、日本ではなく中国に肩入れし、中国寄りの政策を打ち出していきます。当時の日本は1931年の満州事変以降、中国への侵略を推し進め、実質的な戦争状態へと突入します。軍事的緊張が高まるなか、1937年に北京郊外で日中両軍が激突し、盧溝橋事件が勃発すると、日中戦争へと発展していきました。

日本は中国におけるアメリカの権益の脅威になると判断したルーズベルトは、1939年に日米通商航海条約の破棄通告をするなど、日本を牽制してきます。日本軍に追い詰められた重慶の蔣介石政権に対して積極的な支援を行いました。

対する日本は、アメリカを仮想敵国とする日独伊三国同盟を結成。アメリカとの対立路線を明確化していきます。アメリカは日本への石油輸出の停止などの経済制裁を強め、中国からの撤退や満州の放棄を要求しました。こうして、日本は真珠湾攻撃を実施し、宣戦布告すると太平洋戦争へと突入していったのです。その後、1945年に終戦を迎え、日本の敗北に終わり、太平洋戦争は終結しました。

第二次世界大戦後には、東西対立がより表面化し、中国は東側諸国に与して、共産化が進みました。北京は中国共産党の支配下となりますが、これに対立する中国国民党の勢力が台湾にいるというのが、戦後の中国をめぐる地政学的な状況です。

やがて、ソ連の解体以降、グローバル化が進み、地球規模での資本主義市場の拡大が続く現代において、中国もまた、資本主義体制への転換を余儀なくされます。

現代中国の経済的発展と権威主義的政治

とはいえ、中国が短期間で、経済大国へと変貌を遂げたのは、やはり驚くべきことです。毛沢東が主導した共産党支配下の中国では、文化大革命によって多くの人が犠牲になり、地方は疲弊し、大きな格差が生まれたことはのちになって判明しました。過去の遺物などを打ちこわし、歴史を否定することで一大改革を行ったわけですが、ある意味では近代中国は、そうしたひとりの独裁的な権力者の強いリーダーシップによって、急速な発展を遂げた国と言えるでしょう。

本章の冒頭でもお話ししたように、常に政治の場では、民主主義か権威主義かのせめぎあいがありました。時には権威主義的に、少数のリーダーたちの意見によって、迅速に改革することが国の発展にとっては良いこともあります。習近平という指導者のもとに推し進められる一帯一路構想によって、急速に力を増している点も、やはり権威主義的な政治ならではの功績と言えるかもしれません。

近年の目覚ましい中国の経済的発展を考える際に、歴史的に見て僕が注目したいのは、毛沢東とともに活躍した政治家・鄧小平《とうしょうへい》の存在です。

1958年から毛沢東主導による「大躍進」運動と呼ばれる農作物の大増産運動が始まりますが、社会の実情にそぐわず、天候不順にも見舞われて大飢饉を引き起こすこととなりました。これに代わって、国家主席となった劉少奇《りゅうしょうき》とともに鄧小平は、中国に資本主義の導入を推し進める政策に舵を切ります。

これに対して毛沢東は、資本主義復活を狙う修正主義だとして、ともに資本主義への道を歩む「走資派」であり、自らの権力に固執する「実権派」の頂点だと、劉少奇や鄧小平を批判しました。

その結果、1966年から毛沢東による文化大革命が本格化するのですが、僕は現代中国の路線は、まさに鄧小平らが推し進めた、いかに共産党独裁の路線のなかで、資本主義経済を保つかという、バランスのなかにあるのではないかと思います。

その意味では、今日の中国の一帯一路構想の先駆者は、鄧小平なのではないかと思うのです。しかもその上、権威主義的な政治によって、スピード感のある改革が推し進められてきた中国は、変わるときは一挙に変わるような国家だと思います。

ひとりのできる指導者がいるだけで、発展するスピードは、民主主義国家とは段違いです。

ただ、それは指導者が優秀であるときだけに限られ、悪政の場合はそのダメージももっと大きいものになります。文化大革命時に多くの犠牲者が出たことも、その一例と言えるかもしれません。

その意味では、目を背けたくなるような現実がたくさんありながらも、中国という国は、やはり「凄い」と言えるでしょう。

日本人が意識しにくい国境の問題に注目する

尖閣諸島の問題から学ぶ日本人の国境意識

近年、沖縄を含む南西諸島の西端に位置する尖閣諸島を巡って、中国が領有権を主張し、中国船の領海侵入が相次ぐなど、にわかに領土問題がニュースの話題になることがありました。

日本は島国ということもあり、隣国と地続きに接しているわけではありません。そのためか、普段、日本に暮らしていても、国境を意識することはあまりないでしょう。

かたやヨーロッパへ行くと、基本的に国と国が接していて、すぐに国境に差し掛かることが多いと思います。大陸にある諸国は地続きに国同士が接しており、そのことが歴史を通して紛争の火種にもなっていました。

イギリスは日本と同じ島国ではありますが、ヨーロッパ諸国の場合、世界中に植民地を領有していたという事情もあります。アフリカやアジア、アメリカ大陸などで、西洋列強がこぞって植民地の獲得争いをした結果、こうした植民地間での国境というものも、戦争や紛争の原因となりました。

そういう意味では「国境」というのは、特に戦後の日本人にとっては意識しづらい概念なのかもしれません。

そもそも日本は江戸時代までは200年以上、鎖国を続けていた国です。

自分が日本人であり、日本国の国民であるという意識よりも、「国」として意識されていたのは、もっと細かい単位、いわゆる「藩」のまとまりのほうがずっと強固だったと思います。

今でも出身地のことを日本人同士でも「お国はどちらですか」と聞くことがありますが、「山形です」とか「東北です」とか「東京です」と答えるのが一般的でしょう。

この際の「お国」とは日本かそれ以外の国かを表すのではなく、日本国内の諸地域、つまり、江戸時代ならば諸藩を指すのだと思います。諸藩にはその藩独自のルールがあり、藩札のような独自のお金が流通していました。徳川将軍家による支配の中でも、藩ごとのまとまりの強さもありました。

こうした日本人の意識が大きく変わるのが、幕末の黒船来航でした。アメリカと修好通商条約を結ぶなどして、鎖国体制を解き諸外国と交流するようになりました。こうして、明治以降、日本という国家としてのまとまりを意識するとともに、国土の範囲を意識するようになったのだと思います。

日中戦争や太平洋戦争など、日本が「大東亜共栄圏」を唱えて、中国・東南アジアに進出していた時代には、日本の領土に各地を取り入れ、国境線を拡大していきました。しかし、戦争に敗れ、改めて日本の領土は、現在の日本列島に限定されています。

今も尖閣諸島や北方領土などの領土問題があるのは確かですが、日本史全体を考えてみると、日本人は島国であるがゆえに、国境や領土問題について激しく争っていること自体が少ないのではないでしょうか。

世界史は領土問題の歴史？

これに対して、世界に目を向けてみると領土問題は常に争いの火種となってきました。たとえばヨーロッパでも、現在ではフランス領となっているサヴォイアは、イタリアやスイスと国境を接しており、その領有権がどこに帰属するのかが問題となってきました。

18世紀にはサルデーニャ王国の領土となりますが、1858年のプロンビエールの密約によって、ニースとともにフランスへ割譲されることとなります。1860年、サルデーニャがイタリアへ併合される代わりに、サヴォイアはニースとともにフランスへと帰属することとなりました。

さらに遡れば、フランス北部のドーヴァー海峡に面したカレーの地は、百年戦争(1339~1453年に勃発したフランス王とイギリス王による戦争)の頃に、フランスの領土か、イギリスの領土かで争われていました。こうした新しい領土の獲得をめぐる争いは、新大陸へと拡大し、これによってアメリカという国が誕生することにもなります。

言い換えれば、日本は戦後、アメリカの統治下に置かれましたが、アメリカという国家に組み込まれたわけではありません。戦後復興とともに主権国家として、日本列島を統治する国であり続けました。

朝鮮半島や中国大陸へと進出し、領土を獲得するということはあっても、元からの日本の領土が奪われるという経験は少ない国だと思います。そのため、国境や領土問題に対する意識が薄いのかもしれません。

北方領土と日本の国境

日本が現在、直面している国境の問題は、尖閣諸島だけに留まりません。戦後、長らく問題になってきたのは、択捉島《えとろふ》・国後島《くなしり》・色丹島《しこたん》・歯舞《はぼまい》群島の北方四島の領有を巡る、ロシアとの争い、いわゆる北方領土問題です。

日ソ中立条約を結んでいた日本とソ連でしたが、日本の無条件降伏が決まると、ソ連は千島列島沿いに南下し、北方四島を占拠しました。日本はその返還をロシアに求めていますが、戦後80年近くが経とうとしている現在も達成されていません。

この北方領土の問題に関連して、歴史を紐解くと、明治時代にはロシアとの間で、「樺太・千島交換条約」が交わされています。1875年、明治8年のことです。

当時の日本はまだ、明治政府発足後のまもない時期で、内政を重視せざるを得ず、ロシアの南下勢力に十分に対抗する術を持ちませんでした。そのため、日本は樺太の権利を放棄する代わりに、ロシア領であった千島列島を領有するという、いわば領土の交換条約を締結したのです。

この条約によって、千島列島全域が日本の領土となりました。過去に領土の交換をしたことがある、というのは、日本の国境を考える上でも、面白い事例だと思います。
なお、戦後、日本はサンフランシスコ平和条約により、千島列島に対する権利を放棄することになります。しかし、北方四島は、この千島列島には含まれていません。

植民地主義を考える

また、第4章の「戦争」というテーマを先取りするかたちになりますが、領土問題や国境の問題に関連して、戦争と植民地主義の歴史について、本章の最後に簡単に触れておきたいと思います。

2022年2月に開始されたウクライナへのロシアによる侵攻は、今日（2024年11月現在）に至るまでまだ継続されている戦争ですが、もともとウクライナは戦後の東西冷戦下ではソ連に組み入れられた国です。

先述したようにEUに加盟しなかった国々が東欧には多く、これらの国はソ連に加盟する場合が多かったわけです。それがソ連の解体とともに、ロシアの影響下から脱したい国と、ロシアとの関係を保つ国とで分かれていきました。

また、これは地政学的に見る形になりますが、広大な地域を誇るロシアは基本的に寒冷地帯です。冬になると海が凍り、港が使えなくなってしまうため、政治経済の拠点として使いづらいというデメリットがありました。

そのため、歴史的にロシアの王朝や国家が求めたのは、南の領土です。南側を開拓し、不凍港を獲得するということが、しばしば国是となっていたのです。

このようなロシアの南下政策の延長上に、ウクライナも位置するのではないかと思います。

もともとウクライナ国内では、ロシア系の住民が多いクリミアなどがあり、2022年のロシアによるウクライナ侵攻に先立って、2014年にはロシアにクリミア半島を併合させる一大事件が起こりました。

ロシアとしては黒海から地中海へと至る海上ルートを確保できるクリミア半島の併合は、まさに歴史的な南下政策と合致するところです。

本章で見てきたような西洋列強による植民地支配もまた、そのような権益の獲得のための戦いでした。

たとえば、現在のアフリカをGoogleマップで見ると、国境線が不自然に真っ直ぐになっていることが多いのがわかります。

普通、国境はたとえば大きな川や山を国境線にするなど、自然に決まることが多いのですが、アフリカ諸国の国境は、極めて人為的に引かれた国境線です。それは自然発生的なものではなく、西洋列強が植民地支配のなかで、列強同士による植民地獲得争いによって線引きされたものだからなのです。

そのため、民族や宗教の違いに関係なく、それは区画を確定されており、結果、戦後のアフリカ諸国独立後も、同地では民族紛争が後を絶ちません。このことは、後章でお話しする民族問題とも深く関連しています。

いずれにしろ、地図ひとつとっても、そこには歴史があるのです。

地図を深く読み込むためにも、歴史を学ぶことは大切だなと改めて実感します。

第3章

現代を理解するには「経済」を歴史的に見る

世界経済と連動する日本経済のあり方

2020年代は円安の時代

本章では、私たちの暮らしに直結する、「経済」の問題を歴史的に見ていきたいと思います。

2019年末からわずか数ヶ月のうちに世界中に蔓延した新型コロナウイルスの影響により、サプライチェーンは寸断され、世界規模での物資の供給が不足する事態に陥りました。品薄の状態になると、当然、物価は上がってきます。急激なインフレーションによって、アメリカは政策金利を上げることで対処しました。2022年からの大幅な利上げにより、円安ドル高の状態が続いています。

これに2022年2月から続いているウクライナ戦争の影響で、ドル買いの動きが強まり、ますます円安が進行しました。

さて、「円安ドル高」、あるいは「円高ドル安」というように、私たちが持っているお金の価値は、一定のまま不変ではなく、市場や社会、政治の状況によって変動していくのです。これを変動相場制と呼びます。

昭和の高度経済成長の終わり頃までを知っている人は、1ドルは360円で、ずっと固定されていたことをよく覚えているのではないでしょうか。現在は、150円くらい（2024年11月2日現在）ですから、円の価値はこの数十年で相当、変動してきたと言えます。つまり、経済にもまた歴史というものがあるわけです。

現代日本では円安の進行とともに、物価が上がったものの、思うように賃金は上がらないという、不況のスパイラルにずっと入っています。しかもそれは、日本国内に原因があったのではなく、新型コロナウイルスの蔓延とウクライナ戦争を受けての、アメリカの金利値上げの措置に端を発していました。

いわば、今日のグローバル経済は、あるひとつの中心的な地域での経済政策や不況が、別の地域へとすぐに波及していくのです。このような体制を作った象徴的な出来事のひとつが、変動相場制だったとも言えます。経済を扱う本章の手始めに、まずは僕たちが普段使っている貨幣と変動相場制の歴史を見ていくことにしましょう。

お金は信用が支えている

今日、僕は1000円のパスタセットを頼んで食べましたが、そもそも何でこの1000円札の紙切れ1枚で、1000円のパスタセットと交換することができるのでしょうか。

冷静になって考えてみると、不思議ですよね。

1000円札はパスタではありませんが、1000円のパスタと交換することができる。紙切れ1枚が、お腹いっぱい食べられるパスタやドリンク、サラダに換わるわけです。そこには、この1000円札は1000円のパスタセットと同じ価値であり、等価だからこそ交換できる、という発想があります。

それには、まずこの紙切れ1枚に1000円の価値があることを信頼すること。

この紙切れを使う人同士の間で、これは1000円分の価値があるんだという、お互いの信用があるからこそ、貨幣として使用することができるのです。

それはある意味では、宗教にも似た信じる力が根底にはあり、かつそうしたお互いの信用によってこそ、貨幣が貨幣として存在できるというわけです。

しかし、信用というのは確固たるものではなく、常に揺らいでいるものではないでしょうか。昔は信用できたのに、今はもう信用できないという人はきっといるでしょうし、反対に昔は信用できない奴だと思っていたけど、今はなかなか見どころがあって使用できる奴だな、なんて評価がガラッと変わることもあります。

それは信用によって左右されるお金も一緒なのです。つまり、貨幣の価値は不変ではなく、お互いの信用、この場合は市場における価値によって決まるということなのです。

ブレトン＝ウッズ体制と金兌換制

本当に素朴な話、その都度、貨幣の価値が変動したりしなければ、計算は楽なのですが、グローバル経済の基盤として変動相場制が導入されたのは、明らかにアメリカの主導によってでした。

1ドルが360円で固定されていた時代は、固定相場制と呼びます。

1929年、ニューヨークのウォール街の株式取引所で株価が暴落したのに端を発して、世界中に深刻な経済恐慌が起こりました。いわゆる世界恐慌です。

この未曾有の事態に対して、各国は自国の経済を保護するために、ブロック経済圏を作ります。イギリスのスターリング＝ブロック経済圏、アメリカのニュー＝ディール政策による南北アメリカ経済圏、ドイツや日本でも同様の経済圏が生まれました。

こうしたブロック経済によって、国際的な経済の連携・協力が阻害されたなかで、第二次世界大戦が勃発したことの反省に立って、1944年以降、アメリカを中心とした国際貿易の拡大を目指し、国際的な経済活動のルール作りが進みました。

こうして立ち上げられたブレトン＝ウッズ体制は、アメリカ・ドルを基軸通貨とした固定相場制を採用しました。

なぜ、1ドル＝360円と固定されたかと言えば、ドルが基軸通貨であったからです。

そして、このドル＝基軸通貨を支えたのが、ドルが金と交換できるということでした。これを金兌換《きんだかん》制と言います。

ドルはいつでも金と交換ができ、1オンス＝35ドルが公定価格となりました。この金兌換によって保障されたドルは、各国の通貨との交換比率を一定に保ち、貿易の発展と経済の安定を図ったのです。

各国の通貨は、定められた平価の上下1パーセント以内の幅で、為替相場を維持することが義務づけられました。日本の場合は、それが1ドル＝360円だったのです。

この体制は、1973年まで続き、戦後の世界経済を支える制度となりました。

ニクソン・ショック――金兌換制から変動相場制へ

ブレトン＝ウッズ体制の成立以降、1950年代はまだ各国ともに戦後復興の時期であり、輸入超過が続いた結果、ドルは不足するような状態でした。

これが60年代になると経済復興した各国は、一転して輸出量が増大し、ドル不足が解消されると、過剰になったドルを金と交換するようになります。その結果、アメリカの金保有高が減少し、金の価格が高騰しました。これと反対にドルの価格は下落します。ドルと金の交換はアメリカ政府によって保証されていました。これによってドルが基軸通貨となり、世界経済の安定と成長を支えていたのですが、金の価格高騰とドルの価格下落によって、アメリカはドルと金の交換を保証することができなくなりました。こうして固定相場制の維持が難しくなったのです。

1971年8月15日、アメリカのリチャード・ニクソン大統領は、ドルと金との交換停止を発表します。ドルの価格下落は止まらず、金兌換制を廃止したことで、ドルを基軸通貨とするブレトン＝ウッズ体制は終焉を迎えました。

同年12月にはスミソニアン協定により、ドルの切り下げが決定され、1ドル＝360円から308円となりました。固定相場制の維持が念頭に置かれましたが、うまくいかず、1973年には、先進諸国は相次いで、変動相場制へと移行し、今日のように、為替状況によって価値が変動する経済へと入っていったのです。

このように金兌換制によって裏付けられ、アメリカ政府に保証されたドルは、基軸通貨としての「信用」があったからこそ、固定相場制が成り立っていました。

1ドル＝360円という価値は不変なものであったのも、そこに信用があればこそです。その信用が揺らいだとき、ドルは基軸通貨としての機能を果たせなくなり、需要と供給の多寡によって価値が変動する時代へと転換を迫られたのでした。

ドルの金兌換制が終わったのは、ベトナム戦争がきっかけ？

この、ドルの金兌換制に基づくブレトン＝ウッズ体制が終焉を迎えたニクソン大統領の決断とその後のドル危機は、ニクソン・ショックとも言われています。

そもそもこのニクソン・ショックは、今日のウクライナ戦争勃発後の経済不況と似て、ベトナム戦争がひとつの契機となっていました。当時のアメリカ経済のみならず、社会全般に大きな影響を及ぼしたのが、ベトナム戦争です。次章でも詳しく説明したいと思いますが、第二次世界大戦後、アメリカをはじめとする西側陣営と、ソ連を中心とする東側陣営に分かれて対立する冷戦体制へと突入していました。ベトナム戦争もそうした冷戦体制下に起きた、アメリカとソ連の対立を下敷にした戦争です。アメリカにとってベトナム戦争を支えた根拠のひとつは、ドミノ理論です。

ベトナムが共産主義化してしまうと、周辺の東南アジア諸国も次々に共産主義社会になってしまう。共産化するということは、当時の冷戦体制で言えば、東側、つまりソ連の味方になってしまうということです。

ベトナムは南北に分かれ、北側をソ連が支援、南側をアメリカが支援しました。なんとしてもベトナムの共産主義化を食い止めようという、アメリカとソ連の代理戦争として、ベトナム戦争が行われたのです。しかし、冷戦体制によって軍事費そのものが増大し、かつベトナム戦争の戦費もアメリカにとって大きな負担となりました。ベトナムの民衆による抵抗もあり戦争は長期化し、アメリカ本土とは関係のない遠いアジア一国をめぐる戦争に対して、アメリカ国民の士気は上がりませんでした。

国内では反戦運動も拡大し、厭戦的なムードが生じていきます。景気も悪化し、国内の失業者も増え、アメリカの国力自体の低下へとつながりました。

ニクソン大統領は、1969年の時点で、ベトナム戦争にかかる軍事費を同盟諸国によって肩代わりしてもらい、かつアメリカ軍の段階的な撤退を表明しました。しかし、1970年に北爆が再開され、カンボジア、ラオスへと戦火は拡大していきます。いわゆる第二次インドシナ戦争へと突入したのです。

そこで、ニクソン大統領は、アメリカ経済を守るために、ドルの金兌換制を停止し、ドル防衛策を取らざるを得なくなりました。

ドルを基軸通貨にするということは、まさに世界のお金の仕組みをアメリカ中心で行こうという自信の表れだったと言えるでしょう。

ブレトン＝ウッズ体制は、世界大戦によって疲弊したヨーロッパに代わって、アメリカが世界の中心として戦後体制を担っていく、象徴的な出来事でした。

しかし、それが冷戦の拡大とともに、次第に翳りが見えてきたのです。

ベトナムは歴史的に見ても戦争に強い国

結局、アメリカにとって泥沼化したベトナム戦争は、実質的な敗北でした。全面的に南ベトナムを支援したものの、北ベトナムの指導者ホー＝チ＝ミンはアメリカの傀儡政権と対立し、南ベトナムの解放へと動きました。

１９６０年に結成された、南ベトナム解放民族戦線による反アメリカのゲリラ戦に、アメリカ軍は苦しめられました。同戦線はしばしば「ベトコン」（ベトナムの共産主義者）と蔑称されました。

１９６９年には、「ベトコン」掃討作戦の最中、アメリカ軍が女性や子供を含む５００人もの人々を虐殺したソンミ村虐殺事件が明るみに出て、ベトナム戦争の大義名分が揺らぎました。その結果、１９７３年1月、ベトナム和平協定が結ばれ、アメリカ軍の撤退が決まりました。その後、南ベトナムでは首都サイゴンが陥落。南北の統一と独立を勝ち取ったのです。

このベトナムの人々による執拗な抵抗は、アメリカという大国をたじろがせました。歴史的に見ると、ベトナムはかなり屈強な国だったと言えます。たとえば13世紀のモンゴル帝国（元）は、三度にわたってベトナム遠征を試みました。日本でも、フビライ＝ハンによる元の軍隊が、「元寇」として来襲したことはよく知られています。

このとき、フビライ＝ハンは日本遠征からベトナム遠征に切り替え、大規模な遠征・侵略を行いました。ところが、いずれも当時のベトナムの大越国・陳朝はこれを撃退したのです。

近代以降、19世紀にはベトナムの支配権をめぐって、清とフランスが争い、清仏戦争が勃発、ベトナムはフランスの統治下に置かれました。1945年に日本が敗北したのちには、フランスはベトナムでの支配権の回復をめざしますが、ベトナム独立同盟（通称ベトミン）が対立します。

その結果、戦火はベトナム全土からカンボジア、ラオスといったインドシナへと広がっていきました。こうしてフランス領インドシナ全域に独立戦争が拡大、長期化し、1954年5月のディエンビエンフーの戦いで、ついに、ベトナム独立同盟はフランスを打ち破ったのです。

これがいわゆる第一次インドシナ戦争です。第二次インドシナ戦争はベトナム戦争に端を発して、戦闘が拡大したことで始まりました。その結果は、アメリカの敗北と南北ベトナムの統一・独立に終わったことは先ほど述べた通りです。

このように歴史的に見てもベトナムは非常に強い国で、その結果、ある意味では基軸通貨としてのドルに終わりをもたらし、ドルの固定相場制から変動相場制への転換をもたらしたと言えるかもしれません。

まさに、経済とは戦争と密接に関わっているのです。

ニクソン・ショックによって、アメリカの経済が揺らいだ後には、すぐに第四次中東戦争の影響で、オイル・ショックが起こります。これは、アラブ産油諸国が中東戦争において、アラブ側を支援するために、イスラエルに協力する国々に対して、石油禁輸措置を取ったことに端を発し、燃料・原料不足によって急激な物価上昇を引き起こしました。

こうして西側諸国を中心とする資本主義経済は、大きな打撃を受けたのです。インフレーションと同時に不況が起こるという、いわゆる、スタグフレーションが引き起こされたのでした。

物価が上昇すれば、賃金も上昇するのが普通ですが、このときは、物価だけが上がり、賃金は変わらないという典型的な不況の様相を呈していたのです。

これは新型コロナウイルスとウクライナ戦争によって、サプライチェーンが分断され、物資の供給が減り、その結果、インフレーションを招いた近年の世界経済についても、同様のものと言える現象です。

とりわけ日本では、物価は上昇しながら賃金は変わらないというスタグフレーションに近い状況に一時期、陥りました（現在、次第に民間でも賃金上昇の兆しはありますが、人々が実感するまでには至っていないのが現状でしょう）。

歴史的にも未曾有なハイパーインフレ時代の到来か？

ハイパーインフレで、100兆ジンバブエドル紙幣が発行された⁉

こうした変動相場制では、貨幣価値はさまざまに変動します。貨幣の価値が下がり、それと交換できる商品・物の価値が相対的に上がることは、これまで述べたようにインフレーションと呼ばれます。

その国の貨幣価値が下がるということは、それだけそのお金に対する信用が低下したということを意味するわけですが、これがすぎるとハイパーインフレーションという事態に陥ります。

現代世界でハイパーインフレに陥った国としてよく知られているのが、アフリカのジンバブエです。

アフリカ大陸南部に位置するジンバブエ共和国は、1980年に成立した国家で、かつてのイギリス植民地です。第2章でも述べたように、ヨーロッパ諸国による植民地化が進んだアフリカ諸国は、20世紀に入って独立が進みました。

ジンバブエ一帯は19世紀後半、セシル＝ローズが経営したイギリス南アフリカ会社が進出し、これに伴って、1890年頃にイギリス植民地であるローデシアが成立します。豊富な地下資源があり、白人支配のもとに、現地の黒人たちが搾取され続けた歴史がありました。

第二次世界大戦後、アフリカでは民族主義が高まりを見せ、独立が相次ぎます。いわゆる「アフリカの年」ともいわれたのは、この頃のことです。

1964年には、北ローデシアがザンビア共和国、ニアサランドがマラウイ共和国として独立しました。南ローデシアは未だ、白人支配層が強い社会が広がっていましたが、イギリスの政策に反発し、翌年の1965年にローデシアとして独立します。しかし、未だ支配者層は少数の白人で、南アフリカと同様の人種隔離政策であるアパルトヘイト政策を採用し、黒人差別が横行しました。

やがて1980年に民衆蜂起が起こり、ロバート・ムガベを中心とする黒人政権を樹立。国名をジンバブエ共和国と改称しました。

元々、黒人の初代首相であったムガベは、ジンバブエ樹立後の1987年に大統領に就任。2018年に94歳で引退するまで、首相在任時から数えれば38年間にも及ぶ、長期政権を敷きました。

ジンバブエにおけるハイパーインフレは、このムガベ大統領在任中の2008～2009年頃に発生しました。1980年代の解放以降、まだ白人農場主が多数残っていましたが、2000年に入ると、白人経営者からの解放を要求する運動が強まりました。

ムガベ政権もこれを支持した結果、白人農家は国外へと追放されます。

しかし、その結果、主要産業である農業が崩壊してしまったのです。折からの旱魃《かんばつ》が追い討ちをかけました。

また、ジンバブエでは、「ジンバブエドル」という通貨を採用していましたが、労働者の賃上げ要求や選挙費用の捻出を目論んでの通貨の過剰な発行が続いていました。

さらに、白人系の農家の追放だけでなく、外資系企業の株式の強制的な譲渡なども問題視され、次々とこうした企業はジンバブエから撤退してしまったのです。

農業崩壊・天災による不作で物資が不足した結果、物価は高騰し、反対に供給過多となり、国際的にも信用を失ったジンバブエドルの貨幣価値は急速に低下しました。

２００８年11月には前月比７９６億パーセントというインフレ率を記録し、ハイパーインフレ状態に陥ってしまいます。

このような状況に対応するため、ジンバブエ政府は、新しいジンバブエドルの発行や通貨単位の切り下げを行う、いわゆるデノミネーションを行うなど対応に追われました。

２００８年のデノミネーションでは、10桁を切り捨てることで、１００億ジンバブエドルを新１ジンバブエドルと換金する措置が取られました。しかし、これでも事態は収束せずに、２００９年１月には、なんと「１００兆ジンバブエドル紙幣」が発行されるにまで至ったのです。

しかも、その翌月にはデノミネーションによって、12桁を切り捨てたジンバブエドルが発行される始末で、ジンバブエドルは全く機能しなくなりました。

そのため、２００９年１月からは米ドルや南アフリカのランドなど、外貨を自国内で使える措置（複数外貨制）を採用し、翌月から公務員の給与を米ドルで支払うなど、事実上のジンバブエドルの流通停止措置を取りました。

２０１５年には、ジンバブエドルの廃止が決定され、回収を実施。自国の通貨を放棄し、外貨を使用する事態へと至り、ようやくハイパーインフレ状態は収束しました。

過去にもあったハイパーインフレ——戦争の引き金となる

通常のインフレでもジンバブエのような極度のハイパーインフレでも、基本的にはお金の信用度の問題と関わっています。

先ほどもお話ししたように、お金が物と交換できるのは、そのお金が交換できる物と同じ価値であるという、信用に基づいています。そのお金にそれだけの価値があるとみんなが信用し、保証してくれるからこそ、お金は価値があり、物と交換できるのです。

ジンバブエドルの場合、その信用が急激に低下したため、通貨危機にまで発展してしまったのです。

このようなことは、世界史を遡ってもさまざまなところで起きています。たとえば、第一次世界大戦の後、ドイツではハイパーインフレが巻き起こりました。

第一次世界大戦後のヴェルサイユ条約では、戦勝国側は、ドイツに対して多額の賠償金支払いの義務を課しました。1920年7月、賠償委員会は各国の受取の割合を策定し、フランスは52パーセント、イギリスは22パーセント、そのほかイタリアやベルギーなどへの賠償金の受取額が決定されました。

その総額は、1320億金マルクにものぼりました。日本円にすれば200兆円規模のものです。

特に英仏は第一次世界大戦中、アメリカに多額の戦債を負っていたため、ドイツの賠償金をその返済に充てる思惑があったのです。

しかし、敗戦国のドイツには、このような高額の賠償金の支払いは困難でした。

1921年5月5日には、6日以内に賠償金支払いを受け入れなければ、連合国はドイツにさらに軍事攻撃を行い、ルール地方を占領することを通告したのです。

この間、ドイツでは財政赤字を埋めるために大量の紙幣増刷を進めざるを得ませんでした。その結果、流通する物に対して、お金の量が多い状態、つまり貨幣の供給過多になり、マルクの価値は相対的に下落していきます。

こうして引き起こされたのが、ハイパーインフレでした。1920年には、卵10個はおよそ4マルク程度だったのに対して、1923年には3兆マルクにまで、マルクの価値は下落しています。

そこで、財政再建を担ったのが、1923年8月に成立したシュトレーゼマン内閣でした。シュトレーゼマンは旧マルクからレンテンマルクへと貨幣の切り替えを行い、インフレの解消を図ります。

これと同時に、国際的な信用の回復のためにヴェルサイユ条約で決められた戦時賠償金の支払いへと舵を切りました。

賠償金の履行のために、シュトレーゼマンが頼ったのは、アメリカでした。

先述したように、アメリカが保有するイギリス・フランスの債権は、ドイツの賠償金によって賄われる予定でした。ドイツが賠償金の履行ができなくなると、アメリカも債権を放棄せざるを得なくなる懸念があります。

そこで、ドイツの救済策が練られ、1924年にはドーズ案が提示されました。年支払い金額を25億金マルクとして、直近の4年間は支払い金額の減額を行うというものです。これにより、フランス軍やベルギー軍はルール占領を解いたのです。

それでもドイツの負担は重く、1929年にはヤング案が作られ、賠償金の削減や支払い期限の延長が盛り込まれました。その結果、ドイツの賠償金総額は358億金マルクに大幅に減らされ、支払い期限も59年間とされました。

このように、ドイツの賠償金問題は、アメリカに大きく依存する結果となり、世界経済自体がアメリカ資本に依存するような構造が生み出されます。その後のアメリカに端を発する世界恐慌が、たちまちヨーロッパにも大きな影響を与えたのはそのためでもありました。

やがて、ドイツでは食糧政策や農業政策を推進するナチ党が台頭し、1933年には政権を奪取。ヒトラーは、第一次世界大戦後のヴェルサイユ体制の打破と、賠償金の支払い拒否を公約に掲げていました。

イギリスやフランスはドイツからの賠償金返済が履行されなければ、アメリカに戦債の支払いができなくなるため、アメリカに戦債の帳消しを要求します。ナチス・ドイツの台頭のなか、ドイツの賠償金やイギリス・フランスのアメリカ戦債の支払いはうやむやにされました。

第一次世界大戦後のドイツに対する多額の賠償金要求が、ハイパーインフレを引き起こし、ドイツ経済を疲弊させ、結果的にナチス・ドイツを生み、やがて第二次世界大戦へと突き進んでいく。

歴史を読み解くと、改めて戦争と経済が密接に関わっていることに気付かされます。

グローバル経済とサプライチェーンの歴史

ウクライナ侵攻によって小麦の価格が高騰

ロシアによるウクライナ侵攻が始まって以来、ウクライナからの物資の輸出が制限され、各国では物資の不足によるインフレーションが進みました。

地球全体をひとつのグローバル市場が覆う今日では、物資の輸出入もまた世界規模で行われています。原材料の調達から製造・在庫管理・物流・販売を経て、消費者の手元に届くまでの一連の流れを、サプライチェーンと呼びますが、このサプライチェーンもまたグローバル化の進んだ今日では、世界規模に行われています。

そのため、ウクライナからの物資の輸出が滞ることで、サプライチェーンが寸断される事態に発展しました。

特にウクライナは穀倉地帯としても知られ、有数の小麦生産国でもありました。ヨーロッパや中東の国々では、小麦は大事な主食として消費されますから、輸入量も多く、大きな打撃を被りました。そのため、小麦の価格が値上がり、日本でも各社とも、パンやパスタ、菓子類などの一部の食料品の値上げに踏み切らざるを得ないことになったのは、記憶に新しいかと思います。つまり、グローバル経済は、市場の拡大によってさまざまなビジネスチャンスが増えると同時に、各国がもはや自国だけでは生きてはいけない仕組みになっているわけです。

先述した中東戦争が引き金となって起きたオイル・ショックもまさにこれと同じ仕組みです。中東の石油に世界各国が依存しており、その値段が高騰したり、制限されたりすれば、たちまちに各国の経済に影響が及びます。

植民地貿易の拡大とグローバリゼーションの進展

世界の歴史を見ると、まさに市場の拡大の歴史と言ってもよいぐらい、当時としては希少品であった香辛料などのさまざまな物品を求めて、人々、特にヨーロッパの人々は世界各地へと渡ったのです。

15世紀後半から17世紀前半にかけての大航海時代はまさにそのような時代でした。18世紀に産業革命が起きて以降は、その動きはさらに加速され、その結果、各地にさまざまな植民地が作られて、宗主国にとって都合の良いかたちで貿易が行われてきたのは、これまでお話ししてきた通りです。

農業で言えば、植民地では現地民を奴隷化することで、安価で大量の労働力が得られ、かつヨーロッパにはない広大な土地を用いて、大規模な農園経営が行われました。いわゆるプランテーションと呼ばれるものです。

ポルトガル植民地であったブラジルでは、16世紀以降、サトウキビを栽培し製糖する砂糖プランテーションが盛んに作られました。安価の労働力として現地のインディオやのちの時代にはアフリカから連れてこられた黒人奴隷が送り込まれ、砂糖プランテーションは発展していきます。キューバなどの西インド諸島でも砂糖プランテーションが作られました。このようにプランテーション経営は白人の入植者のもと、現地民もしくは黒人奴隷を労働力として、ヨーロッパに輸出するための商品となりうる単一の作物の栽培（モノカルチャー）が強制化されたのです。

砂糖のほか、タバコや茶葉、コーヒー、ゴム、綿花などが世界各地の、土地土地の風土に合わせて、生産されました。

有名なところではタバコやコーヒー豆は主にオランダやフランス、イギリスの中南米の植民地で作られました。またイギリスの植民地であるインドやセイロンでは、イギリス本国への輸出用に、紅茶の茶葉が作られました。デカン高原では、イギリスの綿工場向けに綿花の栽培が行われました。このほか、東南アジアではマレー半島でのゴムのプランテーションがよく知られていますし、オランダ統治下にあったジャワ島でもコーヒーやサトウキビなどのプランテーションが作られました。また、北米大陸の南部地域では、黒人奴隷を用いた綿花プランテーションが広がり、アメリカ独立を支える基幹産業として発展を遂げていました。

その後、植民地から独立した国々は、現在でも植民地時代のこうしたモノカルチャーに依存せざるを得ない状況が長らく続いています。

たとえ独立しても、旧宗主国との影響関係は経済的に完全に切ることは不可能です。そのため、一部の地域での不作が、結果的に世界規模の経済に影響を与えることにつながりかねません。

あくまでも歴史の積み重ねのなかに、今日のグローバルの網の目が結ばれていると言えるでしょう。もし、世界経済のあり方を理解したいというならば、まず歴史を紐解いてみることが、実は一番の近道なのかもしれません。

産業構造とエネルギーの変化から気候危機へ

産業革命は木炭から石炭へのエネルギー転換によって起こった

地球温暖化や気候変動への配慮から、エネルギー転換が急務として、さまざまな方策が講じられています。有名なところでは、二酸化炭素を排出せず、クリーンなエネルギーである点に注目されて、火力発電から風力や太陽光発電への切り替えがしばしば言われてきました。

また、廃棄物の問題がある原子力発電については、東日本大震災以降、ヨーロッパでは廃止が進む傾向もありました。原子力発電は国内でも再び注目を集めていますが、他方で、三重水素（トリチウム）を用いた新しいエネルギー生産方法である、核融合エネルギーの開発が進んでいます。

こうしたエネルギーの開発にも当然ながら、さまざまな歴史があります。

特に現代に直接的につながる大きな変化は、産業革命によって引き起こされた大きな技術革新の歴史です。18世紀後半のイギリスから始まった産業革命は、綿工業の分野でそれまでの手工業の機械化が発明されるとともに、蒸気機関の出現によって大きな技術革新が起こりました。

特に蒸気機関の出現は、それまでエネルギーの中心として用いられた木炭から、石炭の利用へと大きな転換が図られたことに由来します。これにより、機械工業や鉄工業といった重工業が発達し、鉄道や蒸気船の実用化が進みました。その結果、激しい社会変動が起こり、資本家と労働者という、私たちがよく知る資本主義社会の興隆を見ます。

なぜイギリスでは、木炭から石炭へのエネルギー転換が起こり、世界で最初の工業化が進んだのでしょうか。

一説では、16世紀までは鉄は木炭を燃料にして作られていましたが、木炭の原料とされる森林が次々に伐採されたことで、利用可能な木材がイギリスでは尽きてしまったことに由来するのではないかと言われています。

足りない木材はその後、スウェーデンやロシアから輸入するようになりましたが、鉄の需要がさらに増したことで、新たな燃料として石炭に注目が集まったのです。

裏を返せば、木炭の活用は森林破壊を進めてしまい、さらに石炭の活用を推し進めたということは、エネルギーの発展の歴史は、常に環境破壊とセットになってきたと言えるかもしれません。

イースター島のモアイを作った文明は環境破壊で滅びた!?

環境破壊と人間の文明の歴史は、密接に関わっていました。

たとえば、モアイで有名なイースター島の文明は、一度、環境破壊によって滅んだとされています。確かに巨大なモアイ像があるイースター島の風景は、大きな木も少なく、荒涼な草原が広がっているような映像をしばしば目にします。

イースター島では、大量のモアイ像を競って作ったために、その運搬用に木材が必要となり、森林の伐採が進んだとされています。そのため、森林が極度に減少し、土地が荒れたことが、イースター島の文明の衰退へとつながったとも言われています。

直接に燃料として使ったわけではないにしろ、モアイ像の運搬のために、大量の木材を必要としたという点で言えば、一種の産業のために環境が破壊されたと言ってもよいでしょう。

先述した産業革命以降には、化石燃料が新たなエネルギー源として採用されました。

こうして世界のモータリゼーションが発展し、その結果として、二酸化炭素の排出量が増加し、地球温暖化と気候変動の引き金となったとされます。

1970年代以降、こうした環境問題への関心が高まり、現代に至るまで気候変動に対する危機が指摘されています。

エネルギー資源獲得と戦争の関係

新たなエネルギーや燃料の獲得は、産業化する社会にとっては必要不可欠のものでした。

特に、こうした燃料技術は実用化された当初は良くとも、次第に問題が出てくるものです。木炭は先ほど述べたように森林伐採につながり、石炭や化石燃料は大気汚染や温暖化の原因につながりました。

より効率的でクリーンなエネルギーとして期待された原子力発電は、ソ連下のウクライナ、ベラルーシの国境近くで起きたチェルノブイリ原発事故や東日本大震災に伴う福島第一原発事故などにより、さまざまな問題が明るみに出て、忌避する傾向が生まれています。

そのため、新たなエネルギー獲得が期待されていますが、風力発電にしろ、太陽光発電にしろ、その発電効率を考えるとまだまだ十分なものではありません。

化石燃料の枯渇も懸念されているなか、こうした新たなエネルギー獲得の競争が、外交や戦争、ひいては経済的な問題となることもしばしばです。

ロシアによるウクライナ侵攻もまた、こうしたエネルギー問題と戦争、そして経済が絡み合った問題となりました。というのも、実はロシアは世界有数のエネルギー資源大国だったのです。

特にその輸出先の多くは、ヨーロッパ諸国です。戦争前の2021年には、EUが輸入したロシア産の化石燃料のうち、天然ガスや石炭はそれぞれ45パーセント、石油は25パーセントほどでした。そのため、一時的にヨーロッパではエネルギー不足が懸念されるなど、経済的な問題にも直結しました。

そこで、ロシア産のエネルギーに依存しない、新たなサプライチェーンの構築に、国際社会は奔走されることになりました。

先述したように、こうしたエネルギー問題と密接に関係した戦争が、かつての中東戦争です。

それは今日のイスラエルとパレスチナの対立の歴史とも大きく関わっているのですが、1948年以来、四次にわたる中東戦争は、とりわけ第四次中東戦争の際に石油危機（オイル・ショック）へと発展し、アメリカやヨーロッパ、日本など中東の原油に依存した先進諸国の経済に大きな影響を与えました。

1967年6月の第三次中東戦争では、イスラエル軍がシナイ半島やヨルダン川西岸、ガザ地区を一挙に占領するなど、攻勢に出ました。

あまりにも短期間に次々に占領を達成したことから6日戦争とも呼ばれます。

その後、1973年10月に、エジプトによるイスラエルへの奇襲攻撃に端を発し、周辺のアラブ諸国を巻き込んだ第四次中東戦争が起こります。

この際、世界的な産油国であるアラブ諸国が団結し、原油価格の一方的な引き上げを発表して、イスラエルを支援する世界の原油輸入国に圧力をかけました。アラブ石油輸出国機構（OAPEC）は、アメリカなどを中心とした親イスラエル諸国に対し、原油輸出の停止をするなど、大きな影響を与えます。

サウジアラビアやクウェートでは3～4割にも及ぶ、原油の減産を推し進めました。

それは西側諸国全体の原油生産量のおよそ1割にも及ぶほどの量です。

こうして、アラブ諸国側は、有利な休戦へと持ち込み、第三次中東戦争でイスラエルが占領したシナイ半島の奪還に成功しました。ただ、ヨルダン川西岸やガザ地区はその後もイスラエル側の植民活動が続き、ガザ地区の封鎖と空爆へと発展、今日のような戦争状態へと突入してしまいます。

このアラブ諸国側による石油戦略によって、アメリカやヨーロッパでは、大きな不況とインフレが同時に進行するスタグフレーションが起きたことは先述した通りです。

これは、ウクライナ戦争時に起きた、エネルギー危機への懸念と物資の不足による経済的影響とよく似た例だと思います。

工業化・産業化によって支えられた今日の世界経済では、こうした資源をめぐる争いや戦争によるエネルギー危機は、市場に直結した影響を与えます。特に日本は海外へのエネルギー依存率は9割にも及びます。

まさに、私たちの生活に直結していると言えるでしょう。

第4章

世界の歴史は「戦争」の歴史か？

冷戦体制とその後　現代の戦争を考える

戦争の歴史を学ぶことの意義

前章では歴史を振り返ることで、「経済」と「戦争」が密接に関わっていることを確認してきました。それは、第2章で詳しく見てきた「政治」も無縁ではありません。

近代において初めて本格的に戦争というものを論じたドイツの軍人・軍学者であるカール・フォン・クラウゼヴィッツは、著書『戦争論』のなかで、「戦争とは別の手段をもってする政治の延長である」と述べています。

また、世界史とは、まさに戦争の歴史と呼んでもおかしくはありません。

戦争の歴史を知ることは、人類の歴史そのものを知ることにほかならないでしょう。

特に20世紀は戦争の世紀と呼ばれるほど、多くの近代戦争が行われました。

21世紀に入ってからも、アフガニスタン紛争、イラク戦争、ウクライナ戦争、パレスチナ問題と、この世界から「戦争」がなくなる様子はありません。

こうした戦争がなぜ、どうして起こったのか。

それを事前に防いだり、早期に解決したりする道はないのか。

そのためのヒントは、やはり歴史を知り、歴史から学ぶことにしかないのではないでしょうか。過去の戦争の歴史を知り、それがどう始まり、どう終わったのかを学ぶことで、未来の戦争を防ぐための手立てにする、というのは、歴史を学ぶことの大変立派な意義のひとつであるように思います。

21世紀の戦争にも通じる冷戦体制

戦争の世紀と呼ばれた20世紀。

その延長上の21世紀の戦争もあると言って過言ではありません。

20世紀初頭の第一次・第二次世界大戦についてはこれまでたびたび、確認してきましたが、今日の戦争は、世界大戦後の世界秩序である東西対立、いわゆる冷戦体制の延長にあるとも言えます。

ロシアによるウクライナ侵攻は、かつてのソビエト連邦の領域の回復という地政学的な意味においても、冷戦体制を彷彿とさせるものです。

また、朝鮮半島は、社会主義国家を標榜する北朝鮮と、軍事政権から民主化の道を着々と進んだ韓国というかたちで、今現在も南北が分断状態にあります。

まさにそれは東西冷戦化の構図がそのまま、現代にも残っているのです。

21世紀の戦争を知るにはまず、この冷戦体制とはいかなるものであったかをきちんと押さえることが重要だと思います。

シンプルに考えると、冷戦体制下の東西対立とは、まずもってアメリカとソ連の対立でした。この巨大な2カ国は、第二次世界大戦でいずれも連合国として勝利した国です。より正確に言えば、ドイツは不可侵条約を結んでいたソ連に対して1941年6月に侵攻を開始、また、1945年8月8日には日ソ中立条約を破棄し、満州国へと侵攻しました。これにより、ソ連はアメリカらとともに第二次世界大戦の戦勝国側となったのです。

アメリカとソ連という超大国が戦勝国であった点がひとつ。さらにアメリカが資本主義、ソ連が社会主義というイデオロギー的に対立する国であった点が挙げられます。この2つの超大国は、全面的に表立って大きな戦争をすることはありませんでしたが、常に牽制し合いながら、自分たちの陣営の拡大を図りました。

直接的な軍事的衝突には発展せずに、対立を深めたことから、これを「冷たい戦争」、すなわち冷戦と呼びます。

冷戦体制が明確になったことを告げる有名な演説が、イギリス首相のチャーチルが行った1946年3月の「鉄のカーテン」演説です。

彼は、アメリカのミズーリ州フルトンでの演説で、「バルト海のシュテッティンからアドリア海のトリエステまで、ヨーロッパ大陸に鉄のカーテンが降ろされた」と述べました。当時、ソ連が東ヨーロッパ諸国の共産化・社会主義化を推し進め、西側の資本主義・自由主義陣営との敵対が深まり、その状況をチャーチルは批判しました。

しばしばこの演説が、「冷たい戦争」、すなわち東西の冷戦体制の幕開けを告げるものとされています。

翌年の1947年6月には、アメリカのトルーマン政権下で、マーシャル・プランが発表されます。第2章でも述べましたが、これはヨーロッパ諸国の戦後復興の支援を名目に、ヨーロッパへの共産主義勢力の台頭を防ぐ、封じ込め政策でした。西側諸国はこれを受け入れましたが、東欧諸国の多くは、これを拒否しソ連側に与しました。マーシャル・プランを受け入れた西側諸国は、ヨーロッパ経済協力機構を組織します。

対するソ連は東欧諸国の引き締めを図り、コミンフォルム（共産党情報局）を組織し、その後、経済相互援助会議（ＣＯＭＥＣＯＮ）を結成するなど、東西対立は激化していきます。

１９４８年には、アメリカ・イギリス・フランスの占領下に置かれたドイツの西側で、新通貨ドイツマルクが発行され、通貨改革が行われました。

これに対し、ドイツの東側を占領下に置くソ連は、ベルリン封鎖に踏み切り、ドイツの東西分裂が明確化します。その後、翌年の１９４９年、西側の管理地域はドイツ連邦共和国（西ドイツ）として自由主義陣営に、東側の管理地域はドイツ民主共和国（東ドイツ）として社会主義陣営に組み込まれました。

ベルリンの東西は、「ベルリンの壁」によって分断され、それはまさに冷戦の象徴となったのです。

北大西洋条約機構（ＮＡＴＯ）とワルシャワ条約機構の対立

冷戦は、その後もさらに加速していきます。

１９４９年には西ヨーロッパ諸国にアメリカやカナダ、北欧のノルウェーやデンマーク、南欧のイタリア、ポルトガルなどを加えた12カ国が北大西洋条約を締結し、北大西洋条約機構（NATO）が発足しました。ソ連東欧諸国に対する抑止力となる、集団的な軍事機構でした。

1955年5月には、西ドイツの再軍備とNATO加盟が行われ、これに危機感を持ち反発を強めたソ連側は、同月に東欧8カ国の友好協力相互援助条約に基づいて、ソ連を中心とする東欧の共産主義・社会主義圏による軍事同盟であるワルシャワ条約機構を結成するに至ります。

こうして直接的な戦争に発展しない形で、東西両陣営の対立が進んでいきました。その結果、東アジアでは朝鮮半島を舞台に、ソ連・中国が支援する北朝鮮、アメリカが支援する韓国の南北対立が激化、1950年の朝鮮戦争の勃発につながっていきました。

第3章で詳しく述べたベトナム戦争も、まさにこの冷戦下におけるアメリカとソ連の対立を下敷とした、代理戦争として起きたものでもあります。

経済とイデオロギー間の対立

こうした冷戦下の東西対立とは、イデオロギーの対立にほかなりません。20世紀においてはしばしば使われた「第一世界」「第二世界」「第三世界」という呼び方がありますが、それは冷戦対立を念頭にしたものです。

第一世界とは西側諸国であり、資本主義経済下の自由主義国、すなわちアメリカやカナダの北米と、イギリス、フランスなどの西ヨーロッパ、アメリカの統治下に置かれた日本などです。これに対する第二世界は東側諸国であり、社会主義経済を採用するソ連や中国、北朝鮮などを指します。

また戦後に独立するなどしたそのほかのアジアやアフリカの新興国は、第三世界と呼ばれました。そこでは資本主義・自由主義か社会主義・共産主義かといった経済・イデオロギー的な対立のほかに、民族的な独立の問題も孕《はら》んでいました。民族問題については、第6章で詳しく取り上げたいと思います。

いずれにせよ、冷戦体制とは、ここでいう第一世界と第二世界の対立ということになります。

資本主義に則った自由主義経済を推し進めるのか、社会主義に則った計画経済による国家統制を推し進めるのかが、大きな対立の軸となったのです。

資本主義の発生と発展

それではそもそもこの資本主義と共産主義／社会主義とは、どのように成立してきたのでしょうか。

その歴史と起源を概説するのはかなり難しい問題なのですが、ここでは大きなポイントだけに絞ると、まず資本主義の成立に大きく寄与したのは、やはり産業革命だったと言えます。

産業革命前夜のヨーロッパでは、旧来の家内制手工業から工場制手工業（マニファクチュア）への転換が進んでいました。かつては、家単位の少数の規模で、手作業によって行われた生産が、工場を中心とした比較的大規模な生産へとシフトしていったのです。

資本家が工場を設置し、賃金で雇った労働者を集め、分業と協業によって、綿製品の製造を行い、飛躍的に生産量がアップしました。この時点ではまだ機械化は進んでいませんが、資本家と労働者、資本と賃労働という資本主義経済の基本的な要素の萌芽が見て取れます。

その後、18世紀後半に入って産業革命が起こります。

蒸気機関の発展、機械や製鉄業の発展が相次ぎ、産業革命の初期には綿工業の機械化が進みました。

より大規模での生産が可能となり、その分、資本も大きなものとなって、より大量の賃金労働者を生み出すこととなります。

こうした技術革新によって、社会の富はより増すと同時に、持てる者と持たざる者との格差も問題化するようになります。

この頃、高度に発達しつつある経済と市場について研究する学問、すなわち経済学が誕生しました。

なかでも、自由な競争こそ、市場の安定を実現すると説いたアダム・スミスの『国富論』は有名です。資本主義下における自由な競争が認められた市場においては、各人は自らの利益を追求します。

頑張って商品を生産し、それを売ることで利益を得ます。反対に商品を買う側は、もっと安い価格で商品を買おうとします。このようにたとえ各人が自由に利益を追求しても、市場においては自然と需要と供給のバランスが取られ、商品の価格が調整されていくというわけです。

この需要曲線と供給曲線が自然と交わることを、市場と自由競争における「神の見えざる手」とアダム・スミスは呼びました。少なくともこの発想が、現在に至る資本主義経済を支えていると言えます。

アダム・スミスも産業革命の最中で、この『国富論』を執筆しています。

その意味では、資本主義の発展・成立に大きく寄与したのは、やはり産業革命だったと言えるでしょう。

共産主義・社会主義の起源

これに対して、共産主義や社会主義と言われる、いわゆる左翼的なイデオロギーはどのように成立したのでしょうか。

先述したように、産業革命によって発展した資本主義社会では、人々は、資本家と労働者に分けられざるを得ません。資本家は資本、すなわち生産手段を所有し、労働者を賃金で雇用します。労働者は自分の労働を資本家に売り渡すことで対価を得ます。

つまり、労働者とは資本＝生産手段を持たない存在なのです。

そのために、否応なく、資本家と労働者との間で富の格差が生まれます。産業化が進み、資本主義経済が浸透すると、やがてこの富の格差が深刻化していきました。今や、資本家と労働者は階級の差にまでなったのです。

そこで登場したのが、カール・マルクスとフリードリヒ・エンゲルスが書いた『共産党宣言』という本です。

1848年のことでした。資本家によって搾取されている労働者が一丸となって団結し、資本家を打倒し解放を求める階級闘争を、彼らは呼びかけました。

その背景には、この頃、イギリスよりも遅れてドイツで産業革命が起き、工業化が進んだことがあります。19世紀半ば頃に重工業部門を中心に産業革命が進み、鉄道や道路建設が行われ、ドイツは急速に成長を遂げたのです。

その結果、イギリスと同様に、資本家と労働者の間で大きな格差が生まれることになりました。そうした産業化の負の面を見たマルクスとエンゲルスは、労働者の解放を求めて、共産主義を掲げ、労働者の連帯と蜂起を呼びかけたのでした。

この共産主義／社会主義の運動は、その後、ドイツではなくロシアが中心的な役割を担うようになります。

ロシアでは17世紀以降、ロマノフ朝による帝政が敷かれていましたが、第一次世界大戦によって、国内の経済状況が悪化し、国民の不満が高まっていました。１９１７年3月には、民衆蜂起に発展し、ロマノフ朝を打倒し、共和制の臨時政府を樹立するに至ります。

旧暦2月に起きたこの蜂起は、二月革命と呼ばれました。

社会革命党のケレンスキーが臨時政府の首相を務めましたが、彼は第一次世界大戦参戦の継続を主張したことから、労働者たちの反発を招き、大々的なストライキが行われました。

ロシア社会民主労働党の多数派であるボリシェヴィキが呼応し、首都ペトログラードで50万人規模のデモが決行されます。臨時政府は、ボリシェヴィキの指導者であるレーニンを、ドイツのスパイとみなし告発しました。そのため、レーニンはフィンランドに亡命、その後、スイスへと移ります。その後も臨時政府への反発は止まらず、機を見てレーニンはペトログラードに密かに戻り、ボリシェヴィキを再組織して、武装蜂起したのです。

これにより臨時政府は打倒され、ブルジョワ共和体制からソヴィエト（評議会）を中心とする政権へと移行しました。１９１７年の旧暦10月に起きた革命であることから、これを十月革命と呼びます。

このとき、ロシアに共産主義／社会主義を掲げる政権が誕生したのです。

1918年にロシア＝ソヴィエト連邦社会主義共和国が成立、その後、ロシアに加えてウクライナ、ベロルシア（ベラルーシ）、ザカフカースの4つの社会主義共和国が結集し、ソヴィエト社会主義共和国連邦が発足します。

いわゆるソ連の誕生です。

以降、この4カ国から徐々に東欧やアジアへと共産圏の範囲を拡大し、資本主義陣営と対立していくこととなるのです。

冷戦体制の崩壊

以降、アメリカを中心とした西側陣営と、ソ連（ロシア）を中心とした東側陣営による対立は、世界各国を巻き込んだ対立へと発展していきます。

アメリカとソ連の直接的な軍事対立は避けながら20世紀後半の多くの戦争は、両陣営による、軍事介入・支援を伴う、冷静体制下を下敷とした代理戦争の様相を呈していきました。

いわゆる第一世界、第二世界についてこれまで述べてきましたが、冷戦体制下ではやがて、かつての植民地であった第三世界の国々が独立を果たしていきます。その際の争いにも、冷戦体制は大きく関わっていました。

いわば、こうした独立戦争は西側と東側の代理戦争のように機能していたのです。

そこにはさまざまな経済的・社会的・民族的な問題が横たわっていたはずですが、大きなイデオロギー間の対立によって、ある意味では押さえ込まれていたと言えます。

事実、1989年のブッシュ(父)とゴルバチョフによるマルタ会談によって、冷戦の終結が宣言され、雪解けの時代を迎えると、こうした民族問題は噴出していきました。冷戦下では少なからずイデオロギーのもとにまとまっていましたが、タガがなくなったことで、民族や人種、新たな格差の問題などが表面化していったのです。

すでにゴルバチョフの指導のもと、ペレストロイカによって自由化・民主化が推し進められていたソ連は、マルタ会談以降、解体が進みます。ソ連を構成した各民族に分離・独立の期待をもたらし、結果、バルト三国のリトアニア、ラトヴィア、エストニアが次々に独立を宣言しました。

1991年12月にはロシア、ウクライナ、ベラルーシがソヴィエト連邦条約の無効を宣言。

代わりに独立国家共同体（ＣＩＳ）の創設へと動きます。その結果、ソ連はロシアやウクライナ、ベラルーシをはじめとするＣＩＳ加盟国12カ国、そしてバルト3国の15カ国に分離・解体しました。

ソ連下にあった中央アジア諸国も、ウズベキスタン、カザフスタン、キルギス、タジキスタン、トルクメニスタンの各共和国に分離・独立後、ＣＩＳに加盟し、旧ソ連圏の紐帯が保持されることになります。

いずれにしろ、東西の冷戦対立が崩壊したのち、アメリカを中心とした資本主義市場が世界中に拡大、一気にグローバリゼーションが進みました。

これにより、かつてソ連に支援された中近東諸国のなかには、アメリカに反発を持つ民族運動が高まり、２００1年9月11日のアメリカ同時多発テロへとつながっていきます。

こうして、21世紀は冷戦下の負の遺産として残ったさまざまな問題が、一挙に表面化していきました。アメリカが掲げた対テロ戦争もまた、歴史的に見ればポスト冷戦構造の枠組みのなかで考えることができると思います。つまり、歴史は簡単に分断されておらず、やはりどこかでつながっているのです。

21世紀の戦争
「ウクライナ戦争」を考える

ウクライナの成り立ちの歴史

　冷戦体制の負の遺産が引き起こした戦争といえば、やはりこれまで何度も言及してきました、ロシアによるウクライナ侵攻、いわゆるウクライナ戦争に触れざるを得ません。

　先に見たように、ソ連の解体を明確化した一方で、ソ連の圏域を保持したＣＩＳが１９９１年に発足した際、その中核をなした国は、ロシア、ウクライナ、ベラルーシでした。ウクライナはソ連内でも西ヨーロッパに近く、また黒海に面したクリミア半島を有することから、地政学的にも重要な拠点だったのです。

　ロシアのプーチン大統領は、２０２１年に「ロシア人とウクライナ人は歴史的に一体である」ことを述べた論文を発表していますが、ソ連時代に限っていえば、かなり密接に連帯していた地域であると言えるでしょう。

ウクライナは元来、クリミア半島を含む広大な穀倉地帯にあって、東スラヴ系の人々がキーウ（キエフ）を建設後、ノルマン系のルーシがやってきて、キエフ公国が成立したことに端を発します。このキエフ公国からのちのロシア、ウクライナ、ベラルーシの人々が分かれていきました。

13世紀初頭、モンゴルによる侵攻を受けて、キエフ公国は滅びますが、ルーシの勢力はモスクワへと移り、ロシアの前身となるモスクワ公国へと発展していきました。その後もウクライナの地は他国・他民族による支配が繰り返されていきます。

14世紀にはリトアニアとポーランドによる侵出を受け、16世紀にはウクライナ北部はポーランド王国に統合されました。半農半牧生活を送る武装騎馬民であったコサックによる反乱からウクライナ独立運動が展開されますが、その後、ロシア帝国が介入し、クリミア半島にまで勢力を拡大すると、18世紀にはウクライナ東部のロシア化が進んでいきます。

18世紀末には、ロシア、プロイセン（当時のドイツ）、オーストリアによって、ポーランドが分割されました。

このとき、ウクライナ西部はオーストリアに、東部はロシアに分割して支配されることになりました。まさにこれが現代のウクライナ戦争の火種となっている地域です。その後、ロシアで革命が起こり、ソヴィエト政権が樹立すると、ウクライナもソ連下に置かれました。その過程で、ウクライナ人とロシア人の歴史的同一視が進んだのです。ソ連解体後、ウクライナは共和国として独立を果たすも、そのままCISに組み込まれ、ロシアとの結束は変わらないように見えました。

さまざまな支配国が入れ替わり立ち替わりしたウクライナですが、現代でも世界でも有数の小麦産出国であり、かつ石油や天然ガスなどの資源も豊富な地域として知られます。

ロシアの思惑としては、不凍港の確保という地政学的な問題とともに、こうした資源の確保も重要だったのでしょう。また、東欧地域として西側の影響力の防波堤としてのウクライナは、ロシアにとって重要な存在でした。

NATOと東西冷戦体制――地政学から知るウクライナ

戦後の東西冷戦体制において、特に軍事的な面で重要な機能を果たしたのが、北大西洋条約機構、すなわちNATOです。冷戦が終わりを迎えて以降も、NATOの範囲は拡大を続けました。

特に旧東欧圏の加盟が始まり、東方へと拡大したことが、ロシアにとっては脅威となったのです。1999年にはポーランド、チェコ、ハンガリーが、2004年にはルーマニア、ブルガリア、スロバキア、エストニア、ラトビア、リトアニア、スロベニアと着々と東欧諸国の加盟を進めています。その後も、クロアチア、アルバニア、モンテネグロ、北マケドニアが加盟しました。なかでもロシアと国境を接するフィンランドやスウェーデンといった北欧諸国は、これまでロシアとは軍事的中立を保持してきました。そのため、NATOへの加盟は見送ってきたのですが、ロシアによるウクライナ侵攻が起きたことで危機感を強め、2023年にフィンランドが、2024年にスウェーデンが相次いで加盟を果たしています。このように、ソ連崩壊以降、西側諸国の東欧拡大が、ロシアにとっての脅威のひとつであったとも言えます。

戦争の火種となったクリミア半島

その過程で、ロシアはかつて影響下に置き、ロシア系住民の多いウクライナ東部、また要所であるクリミア半島での権益を高めるべく、クリミア併合へと動きました。

２０１４年には親ロシア系の政権が打倒され、ロシア系住民の保護を名目に、ロシアへの編入を進めます。そして、ウクライナ東部のロシア系住民が多いルガンスク、ドネツク両州の一部もウクライナからの分離を表明しました。

そのため、内戦に発展していきます。

これを受けて、ウクライナはとうとう創設時から加盟していたＣＩＳを脱退、ロシアとの敵対路線を明確にしました。

２０１４年9月、ドイツやフランスの仲介によるミンスク合意によって、ロシア・ウクライナ間の停戦が合意に達しますが、その後も火種は燻り続けます。結果、２０２２年2月、ロシアによるウクライナへの軍事侵攻へとつながっていったのです。

今回のウクライナ戦争の争点のひとつはクリミア半島の帰属問題にありますが、ソ連解体後、ウクライナは共和国として独立を果たすも、クリミア半島やウクライナ東部には多くのロシア系住民を抱え込むことになりました。工業力の高いウクライナでは、東西冷戦下では旧ソ連の核配備が進み、ミサイル基地が置かれていました。こうした核兵器をロシアに移譲するかわりに、クリミア半島の領有を認めさせた経緯もあったのです。

また、クリミアという土地は世界史的にもさまざまな火種になりやすい場所でした。ウクライナ自体が歴史を通じて、さまざまな国が侵出しその領有を巡って争われてきたことは先に確認しましたが、歴史的に大きな戦争の舞台となったものとしては、特に「クリミア戦争」が有名です。

第2章でも述べたように、ロシアは歴史的にもこれまで南下政策を推し進めてきた経緯があります。19世紀半ばには南下政策をより積極化させ、オスマン帝国に戦争を宣言しました。イギリスとフランス、サルデーニャはオスマン帝国を支援し、大きな戦争へと発展しました。

実質的にはロシア軍対イギリス・フランスの連合軍といった構図となり、クリミア半島を戦場にして戦われました。

この戦争ではイギリスのナイチンゲールが看護師として従軍したことでも知られます。また、ロシアの文豪で『戦争と平和』などで知られるトルストイも砲兵少尉として、セヴァストポリの激戦に従軍していました。

1855年にこのセヴァストポリが陥落したことで、ロシアの敗北が決定的となります。翌年にはパリで講和条約が結ばれ、黒海の中立化などが締結されました。

クリミア戦争の結果、ロシアの南下政策は失敗に終わりましたが、現在のウクライナ戦争を見たとき、常に南下政策はロシアの国是のように存在し続けていることがわかります。

また、いずれにしてもポスト冷戦体制となっていても、東西の対立は現実問題として歴史的に続いていることを強烈に印象付けられる戦争であるとも言えるでしょう。

また、オスマン帝国はイギリスやフランスの支援を受けて、長年の重しであったロシアの南下政策を食い止めることができました。

しかし、今度はイギリスやフランスに対して、さまざまな負い目を背負うことにもなったのです。

その結果は、オスマン帝国解体後の帝国領土の分割にまで、影響を及ぼしました。

それは次節で述べるパレスチナ問題の火種にもなったと言えます。

西洋列強が生み出した生ける負の遺産「パレスチナ問題」

イギリスによる二枚舌外交が争いの火種に

オスマン帝国は、クリミア戦争ののち、20世紀初頭もまだ帝国としての形を維持し続けました。しかし、第一次世界大戦に参戦し敗北すると国家消滅の危機へと陥りました。

ムスタファ・ケマル（ケマル＝パシャ）によってトルコ革命が起こり、オスマン帝国は解体して、1923年にはトルコ共和国が成立します。

かつてのオスマン帝国領は分割され、イギリスとフランスによって委任統治されることになります。そのうちのひとつがパレスチナの地でした。このとき、イラクとトランスヨルダン、パレスチナはイギリス領に、レバノンを含むシリアはフランス領となりました。

イギリスは第一次世界大戦中、対オスマン帝国攻略を優位に進めるために、さまざまな外交戦略に打って出ています。

そのなかでも悪名高いのがバルフォア宣言とフセイン＝マクマホン協定です。

前者のバルフォア宣言は、当時のイギリス外相バルフォアが、大戦終結後にパレスチナの地にユダヤ人の国家（「ホームランド」）を建設することを認めた宣言で、1917年にロンドンのロスチャイルド家に宛てた手紙で約束されました。

他方、オスマン帝国からの独立を求めるアラブの人々に対しては、イギリスへの協力と対オスマン帝国への反乱の代わりに、戦後の独立を保障しました。1915年、ハーシム家のフセインに対してイギリスの中東担当の高等弁務官マクマホンとの間に取り決められた協定で、これをフセイン＝マクマホン協定と言います。

まさにイギリスは対オスマン帝国戦において、二枚舌の外交を行ったのです。

さらには、フランスやロシアとの間で秘密裏にオスマン帝国の分割を約束したサイクス＝ピコ協定が1916年に交わされており、これを加えれば三枚舌の外交を展開したのでした。

多くの差別にさらされたヨーロッパのユダヤ人にとって、自らの国家を持つことは火急の課題でした。ユダヤ民族にとっての故郷であり、旧約聖書の世界で言えば、神が与えたという約束の地である「カナンの地」、すなわちパレスチナへの帰還は、シオニズム運動（聖地エルサレムの南東に位置するシオンの丘から取られたもので、パレスチナへの帰還とユダヤ国家の建設を求める運動のこと）として、19世紀末以降、高まりを見せていました。

イギリスはユダヤ人の帰還・建国の悲願と、ユダヤ人の独立への思いの両方を巧みに利用し、自国や列強国にとって都合のよい方向へと外交を進めたのです。

第一次世界大戦後、パレスチナはイギリスが委任統治するかたちとなりましたが、次第に増えていくユダヤ人入植者に対して、もともと住んでいたアラブの人々の反発が強まり、紛争が激化していくこととなります。ナチス・ドイツが台頭して以降、ヨーロッパでのユダヤ人迫害は一層強まりました。

その結果、第二次世界大戦後の１９４７年には国連総会において、パレスチナ分割案決議が実施され、パレスチナの地を元々のパレスチナ人と入植を進めるユダヤ人との間で分割することが決定しました。

そして、１９４８年5月、ユダヤ人側はイスラエルの建国と独立を宣言するに至ります。

しかし、その後、イスラエルは度々、1947年の分割決議に則った国境線を越えて、パレスチナの地に入植を推し進めました。

1948年はユダヤ人にとっては故地への帰還と建国、独立の日ですが、もともとパレスチナの地に住んでいた人々にとっては、自分たちの故郷を大国の思惑によって奪われた日です。

パレスチナの人々は1948年を「ナクバ（大惨事、破局の意）」の日として記憶し続けています。

こうしてイスラエルとパレスチナの間での、パレスチナの土地を巡る争いは、今日に至るまで終わりを見ない紛争へと発展していくこととなりました。

国家を持たない民という問題

イスラエルとパレスチナの間での紛争は、1949年以降、四度にわたる中東戦争の火種ともなりました。前章で述べたオイル・ショックが中東戦争によって引き起こされたことを考えると、パレスチナでの紛争は世界中に大きな影響を与えるものとなりました。

2024年現在、ガザ地区の封鎖によって同地に拠点を置くハマスとイスラエルの戦闘が激化し、ガザ地区への空爆攻撃によって甚大な被害が出ています。今日(2024年11月現在)まで解決の糸口を見ないこの戦争は、イギリスによる三枚舌外交によって翻弄された現実が歴史的にまずあったと言えるでしょう。

さらに元をただせば、ユダヤ人という国家を持たない人々の存在が問題の根底として挙げられます。

「ユダヤ人」と呼んでいますが、特定のユダヤ人種というものがあるのではなく、民族的にはユダヤ教を信仰する人たちがユダヤ人という集団を形成していたと言えます。「宗教」については次章で詳しく論じたいと思いますが、ユダヤ教とキリスト教、イスラーム教は同じ唯一神を信仰する宗教であり、根を同じくしています。聖典としての聖書も、ユダヤ教の旧約聖書、キリスト教の新約聖書、そしてイスラーム教のコーラン(クルアーン)と、何を中心に置くかはそれぞれですが、少なくとも大元となる旧約聖書の世界観を共有する宗教でもあります。

近い宗教であるゆえか、歴史的にこれらの宗教は互いに対立してきました。

一神教という宗教自体が、他の信仰のあり方を認めないということもあります。

なかでも数は多くないながらもヨーロッパ各地に広がっていたユダヤ人は、ヨーロッパ諸国がキリスト教化していくのにもかかわらず、その信仰を強く維持し続けていました。そのため、キリスト教側からは迫害の対象とされたのです。

1095年のクレルモン宗教会議では、教皇ウルバヌス2世による提唱によって、キリスト教にとっても聖地であるエルサレムの回復を目指した十字軍運動が開始されました。ビザンツ帝国の統治下に置かれていたエルサレムは当時、トルコ系イスラーム王朝のセルジューク朝によって攻撃され支配されていたのです。

11世紀末より13世紀末まで、合計で7回にわたる十字軍の遠征が行われ、キリスト教世界の膨張・拡大が進みました。この頃から、ヨーロッパのユダヤ教徒（ユダヤ人）に対する迫害が強まっていきます。キリスト教の影響力が強く、イスラーム教徒によって冒涜された聖地の奪還と同じ理屈で、ヨーロッパの内なる異教徒であるユダヤ人を敵とみなす傾向が出てきたのです。

また、キリスト教では教義によって利子をとってはならないとされていた一方で、ユダヤ教では金貸し（金融業）は禁止されていませんでした。そのため、ユダヤ人は商業を通じて裕福であったことも、キリスト教徒から反発を買う結果となったのです。

中世ヨーロッパでは、ユダヤ人とキリスト教徒の同居を禁止し、それがのちにユダヤ人の居住地区を隔離したゲットーを形成することになりました。

13〜14世紀にはユダヤ人に対する集団的な虐殺（ポグロム）が横行します。

その後、最も苛烈なユダヤ人差別が行われたのは、イスラーム教徒との対立のなかで、レコンキスタ（国土回復）を達成したスペインのキリスト教徒によってでした。

もともとイベリア半島では、ローマ帝国時代からユダヤ人が居住していました。また、8世紀以降、イスラーム勢力が北アフリカから進出し、それにともなって多くのユダヤ人が移住してきました。

イスラーム教徒による統治下では、税金さえ支払えば信教の自由は保障され、イスラーム教、キリスト教、ユダヤ教の3つの宗教を信仰する人々の共生が図られていた事実があります。

しかし、カスティーリャとアラゴンが統合し、カトリックによる統一国家の実現を目指したイサベル女王とフェルナンド王の時代に異端審問と異教徒への弾圧が一層、強まっていきます。１４９２年にグラナダが陥落し、レコンキスタが達成されると、ユダヤ人追放令が出されました。この追放令によって、ユダヤ人はスペイン国内を出るか、キリスト教に改宗するか、二者択一を迫られました。

イベリア半島から追放されたユダヤ人は、セファルディームと呼ばれ、キリスト教に改宗したユダヤ人たちはコンベルソと呼ばれました。しかし、たとえ改宗してもうわべだけの者だとみなされ、マラーノという蔑称で呼ばれ、時には異端審問の対象になることもありました。

また、ドイツへ移住し、迫害を恐れてスラブ圏へと移っていったユダヤ人はアシュケナジームと呼ばれます。

ユダヤ人はこのような離散の歴史を重ね、自分たちが安全に落ち着ける国を持たない、流浪の民として生きてきたのです。

こうしたユダヤ人への迫害は、20世紀に入り、ナチス・ドイツ下で起こったホロコーストによって最も悲惨な虐殺になりました。

ナチス・ドイツの拡大とともに、ヨーロッパのユダヤ人たちはアメリカなどへ亡命する者も多くいました。

イスラエルとアメリカの密接な関係

人種のるつぼとも呼ばれ、多くの移民によって構成されるアメリカ社会には、ユダヤ系の人々も多く居住しています。金融業をはじめとして経済的な成功者も多く、また文化・芸術や科学者など類まれな業績を上げる才人のなかにもユダヤ系の人間が多くいました。

アメリカでは有力なユダヤ系の人々によって構成されるユダヤ・ロビーが、政財界に一定の影響力を持つと言われています。

そのため、今日でもアメリカは、ユダヤ国家であるイスラエルの一番の支援国となっています。在米のユダヤ人口はおよそ750万人で、国内でもその影響を無視することはできないと言えるでしょう。

本章では冷戦体制を基軸に、現代でも継続中の大きな戦争となっているウクライナ戦争、パレスチナ問題の歴史を見てきました。

ある国とある国が武力行使に至る戦争は、単純な喧嘩のように突発的なものとは言えません。それが起こるにはそれなりの歴史的な文脈があり、原因があるのです。

本章で述べたように、何が争点となって戦争に至ったのかは、ウクライナ戦争においても、パレスチナ問題においても、実は長い歴史のスパンで読み解かなければ、なかなかわからないところがあると言えます。

現代の戦争を理解するためには、やはり歴史を学ぶことは有効なのだと思います。

第5章

歴史は「宗教」から学ぶ

日本人には遠い苛烈な一神教の世界

日本人には理解が難しい一神教の世界

本章では、宗教から歴史を見ていこうと思います。

僕は常々、世界の状況を理解するには、まずは宗教の歴史を押さえなければならないと思ってきました。

日本にいると宗教の違いというのは、あまり意識されないかもしれません。新興宗教やカルト系の宗教が社会的な問題になることはありますが、普段暮らしていて、宗教というものを強く意識することはそんなにないのではないかと思います。

しかし、世界中の人々と付き合う際には、宗教とはその人たちの世界観を知るための重要なキーとなるものです。僕たちが宗教というのを強く意識しないのも、日本にはさまざまな宗教が混在して成り立ってきた、多神教的な世界観が根底にあるからだと言えます。

今でこそ、神社とお寺は明確に分けられていますが、かつて日本ではそれらは混じり合って共存していました。

さらには日本ならではの、あらゆる事物や事象に魂が宿るとするアニミズム信仰とも混ざり合いながら、それらは日本人の意識に深く根ざしていると言えます。

他方、キリスト教やイスラーム教のような一神教の世界は、苛烈です。

彼らが信じる神は唯一の存在ですから、他の宗教の神を受け入れることはできません。近代化以降、世俗化が進み、信仰のかたちは変わってはいますが、今でもこうした一神教的な価値観は、彼らの世界観として確実に影響を及ぼしていると言えるでしょう。歴史を振り返ってみても、たとえばキリスト教を信奉する人々にとって、キリスト教以外の宗教を信仰する者たちは、異教徒と見なされ、弾圧の対象となりました。

ときに大きな戦争の火種ともなったのです。

世界史は戦争の歴史であり、その裏には宗教の違いというものが横たわっている。

そのように考えると宗教を知ることは、まさに人類の歴史を知ることにつながると言えるでしょう。

本章では、二大世界宗教として知られるキリスト教とイスラーム教、そして同じく旧約聖書を聖典とするユダヤ教という三つの一神教の世界を、歴史的にその変遷を通じて考えてみたいと思います。

その成立順に並べると、ユダヤ教、キリスト教、イスラーム教の順に成立しました。今日の各宗教人口を挙げれば、ユダヤ教徒は数千万人、キリスト教徒はおよそ25億人、イスラーム教徒はおよそ15億人です。

世界人口のおよそ半数が、一神教圏のなかにあると言えます。

同じ唯一神を信仰の対象とし、かつ考え方の骨格はよく似ているこれらの一神教は、歴史的にどのように発展していったのでしょうか。

選民思想を持つユダヤ教

まずユダヤ民族が信仰するユダヤ教ですが、唯一絶対の神ヤハウェを信仰し、他のいかなる神も認めない、一神教を確立しました。

ユダヤ教の特徴は、これを信仰するユダヤ民族は、唯一神によって選ばれた民であるとする選民思想を持つ点です。

その上で、食事や行動のさまざまな禁忌が定められた律法（トーラー）を厳格に守ることにより、救済を得られると考えました。

中世以降のユダヤ人の離散の歴史は前章でも簡単に説明しましたが、そもそもユダヤ人は中東のパレスチナの地にいた民族で、前11世紀末頃にヘブライ王国を建て、ダヴィデとソロモン王の時代に最盛期を迎えました。首都エルサレムには神殿が建造され、唯一神を崇拝しました。

前922年頃には、南北に分裂し、北部のイスラエル王国は前722年にアッシリアによって滅ぼされました。南部のユダ王国も前586年に新バビロニアによって滅ぼされます。

ユダヤ人の神殿は破壊され、住民はバビロンへと強制連行されました。これが有名なバビロン捕囚です。

ユダヤ人は元来、ヘブライ人と呼ばれていましたが、バビロン捕囚後も存続できたユダヤ民族は南部のユダ王国の中心部族であるユダ部族であったため、これ以降「ユダの民」すなわちユダヤ人と呼ばれるようになりました。

選民思想を持つユダヤ教では、バビロン捕囚という民族的苦難以降、戒律を守る限り、いずれ救世主（キリスト）が現れ、民族に救済をもたらしてくれるという信仰がより、強化されました。

新バビロニアはペルシア帝国によって滅ぼされたため、ユダヤ人は解放されパレスチナに帰還します。

しかし、パレスチナはその後もペルシア帝国、アレクサンドロス大王のマケドニア、セレウコス朝シリアの支配を受けるなど、権力者が入れ替わり立ち替わりしました。

そして、前1世紀頃には、ローマ帝国の影響を受け、親ローマのヘロデ王の統治を経て、ローマの属州となります。

このヘロデ王統治の時代に誕生したのが、イエス・キリストでした。

ローマの支配下に置かれる頃には、ユダヤ教も形骸化が進み、教団はパリサイ派、サドカイ派、エッセネ派と3つの党派に分かれ、その勢力争いが続きます。

イエス・キリストは、こうしたユダヤ教の混迷期に、新たな改革者として登場したのです。

ユダヤ教から生まれたキリスト教の歴史

キリスト教の誕生と迫害の歴史

つまり、イエス・キリストも元来はユダヤ教徒のひとりであり、キリスト教はまさにユダヤ教から派生した宗教であると言えます。ユダヤ教徒は自分たちを神に選ばれた民と考えていました。この選民思想はユダヤ教徒にしか適用されません。

しかし、キリスト教にはそのような選民思想はありませんでした。信仰さえすれば、誰でもキリスト教が説く救済の恩恵を得られるのです。だからこそ、キリスト教はユダヤ教と違って、世界中に拡大していったのです。

イエスはローマの支配下のパレスチナの地に生まれました。

ユダヤ教の厳格な律法に従う律法主義を批判し、神の愛を説いたイエスは、ローマの支配を脅かすとして、処刑されました。そのイエスの復活を信じ、彼こそがユダヤ教で言うところの救世主（キリスト）であるという信仰が生まれました。

その後、生前のイエスに付き従った使徒たちによってイエスの教えは広められ、ユダヤ人以外にも信仰者が拡大していきます。その結果、生まれたのがキリスト教です。ローマ帝国内にも急速にキリスト教が広まっていきましたが、当初は、激しい迫害を受けました。キリスト教は、人間は神のもとでは平等であると説きます。それは言い換えれば、ローマ帝国内における皇帝に対する崇拝を否定する考え方につながります。いわばローマ帝国の統治の根幹を揺るがすキリスト教は、危険視され弾圧されたのです。のちに日本にキリスト教が伝来し、豊臣政権や江戸幕府によってキリスト教は禁教となったのも、同じ理由です。神のもとでの平等を説くキリスト教は、とかく時の為政者には、自身の権力を揺るがす存在として忌み嫌われたのです。

この点は、世界史と日本史がつながる瞬間だと僕は思っています。

キリスト教がローマ帝国の国教となる

こうした為政者の思惑を裏切って、キリスト教はローマ帝国内に大変な勢いで広まっていきました。

権力の側もキリスト教の普及の拡大を無視することができなくなり、禁止するよりもその影響力を取り込もうと考えました。

3世紀頃にはキリスト教にとっての聖典であり、イエス・キリストの言行をまとめた新約聖書が成立します。313年には、ローマ帝国の支配の安定を図ったコンスタンティヌス帝が、ミラノ勅令を出し、キリスト教を公認しました。さらには392年にテオドシウス帝がキリスト教以外の宗教を禁止したことで、キリスト教はローマ帝国の国教となり、ローマ領域内での布教が進みました。

4世紀の100年間で、キリスト教に対する評価は180度変化したのです。

この間、キリスト教内では、その教義や解釈をめぐってさまざまな説が唱えられました。ローマ帝国の国教にするにあたり、教義の統一化を図ったことで、教会の上位聖職者たちが召喚され、神学論争に発展したのです。

ニケーア公会議、エフェソス公会議、カルケドン公会議などを通じて、裁定が下された結果、アタナシウス派の教義である、父（神）と子（キリスト）と聖霊の存在を認め本質的には同一であるとする「三位一体説」を正統なものとして採用しました。アリウス派などアタナシウス派以外の教義は異端と見なされ、布教が禁じられました。

また、当時のローマ・キリスト教世界では、イエス・キリストの使徒ペテロやパウロ以来のローマ教会とともに、帝国首都で発達したコンスタンティノープル教会の影響力も高まりを見せていました。

テオドシウス帝の死後、ローマ帝国は東西に分裂し、ローマ教会とコンスタンティノープル教会はそれぞれ独自の発展をしていきます。

東ローマ帝国（ビザンツ帝国）は、その後、ギリシャ語が公用語化し、ギリシャ化が進んだことで、東方教会はギリシャ正教と呼ばれるようになりました。特に7世紀頃にイスラーム教が成立し、その影響下でコンスタンティノープル教会では偶像崇拝の禁止が命じられるようになりました。

他方、西側では、ローマ教皇を中心とした聖職者の階層化と組織化が進み、ローマ＝カトリック教会が影響力を持ちました。ゲルマン人の侵攻などによって西ローマ帝国は脅かされ、476年には皇帝が退位させられました。その結果、西ローマ帝国は滅亡しますが、ローマ教会はゲルマン人への布教などを通じて生き延びました。

10世紀には、分裂したフランク王国のうち、東フランクのオットー1世が、ローマ教会を手厚く庇護しました。ローマ教皇ヨハネス12世によって、オットー1世はローマ皇帝の冠を戴くことになります。いわゆる962年のオットーの戴冠です。これによって、神聖ローマ帝国が成立しました。

教会の影響力を通して帝国の統治を進めるなど、政治と宗教が密接に関係していた時代と言えます。ローマ教皇とローマ皇帝の関係で言えば、ローマ教皇の権威がローマ皇帝よりも上にあった時代です。中世末に高まりを見せた、イスラーム教徒からの聖地奪還を目指す十字軍運動は、教皇の権威をより一層高めていきました。と同時に、中世は教会組織の腐敗が進み、その改革が叫ばれるようになります。

プロテスタントの登場と宗教改革の時代

教会の腐敗に対する批判と改革の声は時代を下るごとに高まりを見せました。それと同時に、こうした改革の声を異端として、カトリック教会は自らに批判的な勢力に対しては、弾圧を強めていきます。

イギリスのウィクリフやチェコ（ベーメン）のフスは、ローマ教皇の絶対性に意義を唱え、聖書そのものに帰ることを提唱しました。しかし、1414年のコンスタンツ公会議では、いずれも異端の烙印を押されてしまいます。これをきっかけに、フスの意見に賛同するフス派が武力蜂起したフス戦争が巻き起こりました。

ローマ＝カトリック教会に対する批判が大きなうねりとなったのは、その後のローマ教皇レオ10世が贖宥状《しょくゆうじょう》（免罪符）の販売を画策したことによります。レオ10世はサン＝ピエトロ大聖堂の修築費用を賄うために、贖宥状販売に踏み切ろうとしたのです。キリスト教においては、かつて人類の祖先が神を裏切る罪を犯したことで、その子孫たちも生まれながらにして罪を背負っているという「原罪」の発想が根底にありました。キリスト教を信仰することによって、その原初なる罪から救済されると説いたのです。しかし、レオ10世の時代には教会の腐敗は頂点に達し、罪からの救済を贖宥状販売を通じて、お金で買うような事態に至っていました。

これに対して、苛烈な批判を展開したのが、ドイツの聖職者マルティン・ルターでした。ルターは、レオ10世の贖宥状販売に疑義を唱え、1517年に九十五ヶ条の論題を発表します。これをきっかけに、カトリック＝旧教に対して、プロテスタント＝新教が台頭し、宗教改革が推し進められました。

こうしてキリスト教世界はカトリック対プロテスタントというかたちで分裂していくわけですが、旧教に対し新教として登場してきたプロテスタントも一枚岩ではありません。

カトリック教会の権威を批判し、聖書のみを信仰の拠りどころにせよとするルター派の影響を受けて、スイスのジュネーヴで宗教改革を推し進めたカルヴァンは、カルヴァン派という、プロテスタントの一派を形成していきます。同派の影響は、その後、スイスからフランス、オランダ、イギリス、アメリカへと広まっていきました。またイギリスでも宗教改革の波が起こり、16世紀にイギリス国教会が成立します。1588年にはイギリスはカトリック教国であるスペインの無敵艦隊を破ったことで、カトリックとの訣別が決定的となりました。そのため、イギリス国教会も旧教に対する新教として、プロテスタントのひとつに位置付けられます。

宗教改革によりさまざまな分派が生まれながらも、カトリックの影響力も依然として強く、大航海時代を通じて、世界中に布教の活動が行われ各地に改宗者を増やし、世界宗教としての影響力を拡大していきました。

今日の西洋世界に根づく宗教

いずれにせよ、キリスト教は西洋社会において歴史的に大きな影響力を持ち、時の政治に密接に関わってきたことがよくわかると思います。啓蒙主義の時代を経て、近代化が進み、宗教と政治の分離が進みましたが、今日においても西洋社会の人々の価値観の根底にはキリスト教があると言っても過言ではありません。

詳しくは第6章で述べたいと思いますが、現代アメリカにおいて、トランプ政権の誕生に大きく寄与したのは、キリスト教プロテスタントのひとつである福音派の白人層です。宗教票とも呼ばれる宗教ロビーが、大統領選では大きな影響を持っている事実は、未だ明確に政教分離がなし得ていないことを意味すると同時に、それだけ人々の生活に宗教というものが浸透していることをあらためて感じさせます。

また、よく知られるのは、アメリカの大統領はその就任式で聖書に左手を置いて、「神に誓って」と宣誓するのが慣例となっています。こうしたセレモニーひとつとっても、宗教の影響力は色濃いと言えるでしょう。

もちろん、政治についてはさまざまな思惑によって動かされていることは事実です。宗教はその数あるキーのうちのひとつでしかありません。

基本的には今日の民主的な近代国家は政教分離とされていますが、イスラーム系の国家はこれに与しませんし、高度に民主化されていると考えられる西洋社会にも、キリスト教的な価値観が残っていることを考えると、あらためて現代を知るには宗教の歴史を知ることの重要性を意識せざるを得ません。

世界宗教となったイスラーム教の歴史

ムハンマドが伝えた唯一神アッラーの教え

本章の最後にイスラーム教の歴史について確認していきましょう。

ユダヤ教やキリスト教に遅れて、イスラーム教は7世紀に成立した宗教です。メッカで啓示を受けたムハンマドが唯一の神であるアッラーへの信仰を説いたことで、イスラーム教は始まりました。

イスラーム教では、「アッラーは唯一にして、ムハンマドはその使徒である」ということを教義の一番の原則として、『コーラン（クルアーン）』を神の言葉として認めます。

ユダヤ教の世界では神の言葉を伝える預言者が登場します。

出エジプトを率いて、十戒をユダヤの民に授けたモーセも預言者です。『コーラン（クルアーン）』によれば、モーセもイエスもユダヤ教世界で言うところの預言者であり、その最後に登場した預言者がムハンマドに他ならないと位置付けています。

その意味では、ユダヤ教・キリスト教・イスラーム教は本章の冒頭で述べたように、同じ唯一神の世界観を共有する宗教であると言えます。

ムハンマドは当初、メッカで布教活動を行いましたが迫害に遭い、北方のメディナに移り、教団を建設しました。イスラーム教ではこれをヒジュラ（聖遷）と呼び、この年（６２２年）をイスラーム紀元の元年としています。

イスラーム教を信仰する者はムスリムと呼ばれ、その共同体であるウンマが作られました。これがイスラーム教団の発祥となります。

次第に勢力を拡大したイスラーム教団は、６３０年にメッカ征服を果たして、メッカに建てられていたカーバ神殿の偶像を破壊しました。イスラーム教では多神教によくある偶像崇拝を禁止しています。

唯一の神であるアッラーへの絶対的な服従が説かれたのです。そのため、ムハンマドの肖像も顔は描いてはいけないのです。

カリフ時代の始まりとシーア派・スンナ派の分裂

632年にムハンマドは亡くなりますが、後継者はカリフと呼ばれ、イスラーム教団の最高責任者として、その後も布教活動が続きました。カリフ時代の初期は、ムハンマドの近親者か、より信仰心の厚い者がカリフとして選出されていました。初代カリフはムハンマドの義父アブー＝バクルが選ばれ、2代ウマル、3代ウスマーン、4代アリーまでを正統カリフ時代と呼びます。

しかし時代が下るにつれて、イスラーム教団も一枚岩ではなくなります。既に3代ウスマーンの頃にはカリフをめぐる対立が生まれ、ウスマーン自身は反対派によって暗殺されました。ウスマーンはウマイヤ家の出身で、ムハンマド直系の人物ではありません。

やがてムハンマドの血を受け継ぐハーシム家のアリーとその子孫だけを正統なカリフとして認める一派が形成されました。これがのちのシーア派（イスラーム教内の少数派）となります。また、歴代カリフを容認する一派はスンナ派（イスラーム教内の多数派）を形成しました。

このシーア派、スンナ派の相違は、今日におけるイスラーム世界の対立にもつながっていきます。

イスラーム教と世界帝国の形成

正統カリフ時代に既に北アフリカや西アジアに進出していたイスラーム勢力は、その後のウマイヤ家によって世襲されるようになったウマイヤ朝時代により領土拡張を進めていきます。

政治の中心をシリアのダマスクスに置き、ビザンツ帝国の首都コンスタンティノープルにも攻撃を仕掛けました。また、北アフリカからイベリア半島へ進出し、東方は中央アジアからインダス川流域にまで範囲を拡げています。

イスラーム教は元来、中東のアラビア語を話すアラブの民の間に広まった宗教でしたが、他国への侵略によって他民族を支配下に置いたことから、各地で信仰が行われるようになりました。

また、イスラーム教以外の宗教についても、人頭税（ジズヤ）を支払えば改宗の必要はないとしていました。こうして税金を払い異教徒のまま暮らした人々を保護民

（ズィンミー）と呼びます。

やがて8世紀半ばにアッバース朝が成立すると、アラブの人々だけでなく、ペルシア語を話すイラン系の人々や、トルコ語を話すトルコ系の人々もイスラーム世界に組み込み、西アジア全域を支配する世界帝国へと変貌していきました。

こうして、今日のイスラーム諸国の範囲の原形となる領域が形作られることとなります。

厳格なイスラーム教の教え

イスラーム教はしばしばその厳格性に注目が集まりますが、その厳格さの由来はやはり唯一神のみを信仰する一神教である点に起因すると思います。

キリスト教、特にカトリックでは神とイエスと聖霊の存在を認め、それらは一体であると説きますが、イスラーム教ではムハンマドは神の言葉を伝える預言者であり、アッラーとは明確に区別されています。

また、先述したように厳格な一神教であるがゆえに偶像崇拝を否定し、厳しく禁止していました。

しばしば多神教的な世界では、日本の仏像や仏画、ヒンドゥー教の神像のように多くの偶像が信仰の対象として作られました。

イスラーム教はこれを明確に否定しています。ムハンマドの肖像すら作られませんでした。

また、原則的に政教一致である点も特徴的です。

これは近代以降のイスラーム社会でも基本的には変わりません。イスラーム国家の初期には、宗教的指導者であるカリフが政治上の権力者を兼ねる体制が続きました。後述するように、オスマン帝国時代には、カリフとは別に世俗の権力を束ねるスルタンのもとで統治が進み、のちにスルタンがカリフを兼ねる体制が生まれます。

啓蒙主義以降、キリスト教世界では世俗化が進み、政教分離が実施されるようになり、イスラーム教世界においても世俗化が進みましたが、今なお、色濃くイスラームの教えは信仰の対象であり続けています。

特に、現代イランでは、ホメイニ革命によってイスラーム原理主義への回帰が進み、宗教指導者の政治的発言力は高まっています。

イスラームの教えが色褪せない背景には、その教義自体が、人々の生活規範・習慣に根ざしている点もあるでしょう。

『コーラン（クルアーン）』とともにムハンマドの言行をまとめた『ハディース』に基づいたイスラーム法によって、人々の生活規範が規定されています。

有名なところでは1日のうち5回、決まった時間にメッカに向かって行う礼拝の慣習や、飲酒の禁止・豚肉食の禁止といった飲食に関連するタブー、一夫多妻制の容認、女性は肌や髪を隠さなければいけないなどが挙げられます。

いずれも日々の生活の細々とした決まり事で、非常に生活に根ざしたものです。

それはキリスト教が中心の西洋社会とは大きく異なるあり方のため、文化的な摩擦の対象ともなりました。

オスマン帝国とスルタンの台頭

さて、引き続きイスラーム教世界の歴史を見ていくと、ウマイヤ朝ののちに興隆し一種の世界帝国を築いたアッバース朝では、帝国の拡張とともに、次第に宗教的指導者であるカリフの影響力が衰退していきました。やがて世俗の政治権力を集中させたスルタンという統治者が、力を持ち始めます。

特に14世紀以降に成立したイスラーム教スンナ派の帝国であるオスマン帝国では、

バヤジット1世が当時、エジプトのカイロに亡命していたアッバース朝のカリフに認められ、スルタンと称するようになります。スルタンとは支配者・統治者の意であり、カリフとスルタンの関係は、カトリックにおけるローマ教皇とローマ皇帝の関係に似ているかもしれません。

モンゴル軍の侵入によってアッバース朝が滅びると、最後のカリフの血縁はカイロへ亡命し、エジプトに興ったイスラーム国家であるマムルーク朝の庇護を受けたと伝わります。

16世紀以降、オスマン帝国はイスラーム世界を支配する巨大な帝国として君臨し、西洋列強を脅かすことになりますが、近代化の遅れなどによって最終的には第一次世界大戦で敗れ、その領土はヨーロッパの戦勝国によって分割統治されることとなりました。

こうして、20世紀に多くのアラブ諸国が独立を果たし、今日に至ります。

イスラーム教世界とキリスト教世界の対立

同じ聖書世界を共有しながらも、キリスト教とイスラーム教は、衝突を繰り返す歴史を歩んできたと言えます。イベリア半島におけるイスラーム勢力の支配とその後のレコンキスタにしろ、十字軍の遠征による聖地エルサレムの奪還にしろ、そこにはさまざまな政治的思惑が横たわっています。

宗教はただ戦争の理由や大義名分として使われているだけなのか、戦争の本質に宗教があるのか、それはかなり難しい問題です。

しかし、いずれにしろ、21世紀においては、ニューヨークで起きた世界貿易センタービルへのテロ攻撃をはじめとする同時多発テロ後、アメリカは対テロ戦争としてイスラーム国家であるアフガニスタンへの侵攻を開始しました。

アフガニスタンに潜伏する武装組織タリバーンの指導者であるオサマ・ビンラディンをテロの首謀者として、攻撃の対象としました。この対テロ戦争では、敵対する組織は「イスラーム原理主義組織」と呼ばれます。

かつての東西冷戦下ではアメリカを中心とする西側諸国にとっての最大のライバルはソ連でしたが、ポスト冷戦下の21世紀初頭は、「イスラーム原理主義組織」の「テロリスト」が最大の敵となったのです。

対テロ戦争を指揮したジョージ・W・ブッシュは、2002年の一般教書演説で、イランとイラク、北朝鮮を名指しして「悪の枢軸」と呼びました。前章で述べたように、パレスチナ問題自体も、イスラーム系の帝国であったオスマン帝国の、西洋列強による解体と分割統治から生まれた問題と考えると、キリスト教世界とイスラーム世界の対立を殊更、強調する必要もないとは思いますが、文化的にも社会的にも大きな違いがそこには横たわっているように思えます。

多様性や多文化主義が叫ばれて久しい現代を考えるときに、私たちは自分たちとは異なる信仰や生活の規範を持つ人たちとの共生を念頭に置かなければなりません。

それをおろそかにしたときには、おそらくかつてのユダヤ人迫害のような、ひどい宗教差別、民族差別に発展していってしまう可能性もゼロではないのです。

改めて、宗教から歴史を見直してみることは、さまざまな価値観が交差する現代社会を生きる上でも重要な教養を教えてくれるのだと思います。

第6章

グローバル時代のヒントは「民族問題」から

「多民族国家アメリカ」の民族問題・人種問題

人種のるつぼから人種のサラダボウルへ

東西冷戦体制の崩壊以降、アメリカを中心としたグローバリゼーションが進み、資本市場が世界を覆っていく時代を迎えました。アメリカは現在でも世界最大の経済力を誇る超大国です。

世界各地に大きな影響を及ぼしているアメリカですが、国家の歴史は比較的浅く、独立宣言が採択されたのは、1776年。18世紀に誕生した新しい国家でした。

もとを辿れば、フランスやイギリスから移住してきた白人が、先住のネイティヴ・アメリカンの土地を収奪することで、植民地を拡大した歴史があります。その過程で、アフリカから黒人奴隷を移入し、大規模なプランテーション農業で使役させたことは、

第3章でも確認した通りです。

その結果、アメリカはさまざまな民族・人種の人々が混在して暮らす、多民族国家となりました。

かつては「人種のるつぼ」とも呼ばれましたが、民族・人種間での差別やコンフリクトは激しく、やがてそれぞれ人種層によって住み分けが進み、白人層が多い地区や黒人層が多い地区といったように、別々に暮らす傾向が強くなります。

その結果、「人種のサラダボウル」などとも呼ばれました。

黒人奴隷制度の廃止や公民権運動などを通じて、差別の被害に遭ってきた黒人層は権利獲得を実現し、今日に至りますが、いまだに白人系アメリカ人からの差別は根強いものです。

2020年にはミネソタ州ミネアポリス近郊で、アフリカ系アメリカ人のジョージ・フロイド氏が、白人警官の不適切な取り調べ・拘束によって殺害される事件が起きました。これをきっかけに、全米でブラック・ライブズ・マター運動（BLM運動）による抗議の波が広がりました。

黒人だけでなく、アジア系の人間に対する差別や暴力などもさまざまに起きているアメリカは、ある意味では世界の民族問題・人種問題の縮図となっているように見えます。

近年では日本で暮らしていても、外国から働きに来ている人たちに接する機会も多くなりました。日本人とは言葉も文化も慣習も異なる人々と同じ社会のなかで共生する際には、さまざまな違いによる諍いや問題が後を絶ちません。

本章では世界の民族問題・人種問題の歴史を考えながら、私たちの身近になりつつある他者との共生の問題を考えるヒントを探してみたいと思います。

そこで注目したいのは、先ほども述べたように、世界の民族問題・人種問題の縮図となっているアメリカの多民族共生の社会の成り立ちです。

まずは、アメリカという複雑な多民族国家がどのような経緯で形成されてきたのか、その歴史を探りながら、今日の多文化共生のあり方を考えていきたいと思います。

アメリカの中核をなす西ヨーロッパからの移民

アメリカ建国の土台となったのは、まず西ヨーロッパ、とりわけイギリスの新教徒による移住でした。1607年には早くもヴァージニアへの入植が始まっています。

当時のイギリスでは、宗教改革において、イギリス国教会に批判的で、カルヴァンの教えに従ったプロテスタントの一派であるピューリタン（清教徒）という人たちがいました。彼らは国教会を掲げるジェームズ1世の迫害から逃れるために、アメリカへの移住を計画します。

1620年、メイフラワー号に乗って大西洋を横断し、アメリカ大陸へと渡りました。プリマスで植民地を建設した彼らは、ピルグリム・ファーザーズと呼ばれます。

その後、オランダやスウェーデン、ドイツ、フランスといった西ヨーロッパや北欧諸国からの移民が続きます。いずれも旧教であるカトリックに対するプロテスタント系の人々で、信仰の自由を求めて新天地のアメリカへとやってきたのです。

いわば、アメリカ建国の土台となったきっかけのひとつは、宗教改革による旧教と新教の対立だったと言えます。

こうしたプロテスタント系の白人層は、WASP（ワスプ、ホワイト・アングロ・サクソン・プロテスタントの略称）と呼ばれ、今日に至るまでアメリカの中核をなしていきました。

その後、アイルランドで起きた大規模なジャガイモの飢饉がきっかけで、19世紀にはアイルランド系移民が急増します。貧困層出身で、一部の成功者を除いては安価な賃金労働に従事しました。

彼らの多くは、WASPとは違って、カトリックであり、しばしば同じ白人層のなかでも、差別化されていました。のちの時代に大統領となり、暗殺されたJ・F・ケネディは、アイルランド系カトリック移民での成功者のひとりです。

植民地獲得をめぐる戦争とアメリカ独立へ

北米での白人入植者が増えると、やがて英仏の間で、アメリカの土地をめぐっての植民地戦争が激化していきます。また、アメリカは誰も住んでいない土地ではなく、もとからの先住民であるネイティヴ・アメリカンが多数暮らしていました。そうした現地の住民たちとの利害の対立も問題となりました。

17〜18世紀には、ウィリアム王戦争やアン女王戦争、ジョージ王戦争、フレンチ＝インディアン戦争など、植民地を舞台とした戦争が立て続けに勃発します。

また、ネイティヴ・アメリカンを虐殺し、その土地を収奪するなど、血なまぐさい出来事が相次ぎます。

その結果、優勢に立ったのはイギリスでしたが、多額の戦費負担を植民地に押し付けるようになったことから、植民地側が反発し、独立運動が活発化していきます。

1775年にアメリカ独立戦争に突入し、翌年、トマス・ジェファーソンやベンジャミン・フランクリンらによって、独立宣言を行うに至りました。その後、アメリカ合衆国憲法の制定とともに、各州の連合からなる連邦制が採用され、ジョージ・ワシントンが初代アメリカ大統領に就任しました。

最初に独立したのは、イギリス領だった13の植民地です。マサチューセッツ州やニューハンプシャー州、ニューヨーク州、ジョージア州など13州として独立しました。その後、アメリカの領土は東から中部、西部、南部へと拡張していきました。

1846〜1848年の米墨戦争に勝利したことで、カリフォルニアやニューメキシコなどのメキシコ領を獲得。19世紀末には米西戦争によって、プエルトリコやフィリピン、グアムなどを領有し、ハワイを併合するに至ります。

こうして、現在の50州にまでアメリカは拡大を続けました。

非白人系移民の歴史と現代アメリカの移民問題

先述したように、アメリカには大規模なプランテーション経営を行うために、アフリカから多くの黒人奴隷が移入されました。

しかし、1807年にイギリスが奴隷貿易を禁止し、1833年に奴隷制そのものを廃止したため、これに代わる労働力として、中国人移民が用いられました。当時、アヘン戦争に敗れた清は、南京条約に基づいて開国を迫られ、中国人労働者が安価な労働力として多数、アメリカへと連れて行かれたのです。

こうした中国人労働者は苦力（クーリー）と呼ばれ、実質的な奴隷として働かされました。しかし、ここでアイルランド系の白人労働者たちとの利害対立が生まれ、やがてカリフォルニアでは、中国人移民禁止法が制定されるなど、中国人移民禁止の流れが生まれました。

アメリカ西海岸では、中国人の代わりに日本人移民の流入が増えていきましたが、これに対しても日本人移民排斥運動が起こっています。

第一次世界大戦後には、工業化に伴う雇用拡大によって、労働力となる移民の人口は増大していきましたが、ここでも先行して定住した白人労働者層から反発を受け、移民排斥の声が高まっていきました。

そのため、1924年に成立した移民法では、20世紀以降増大していた南欧や東欧からの新移民を制限するとともに、日本人移民を禁止する方向へと舵を切ります。世界恐慌の発生によって、景気は冷え込み、移民の排斥と制限は加速しました。

移民の大々的な受け入れが再開されるのは、第二次世界大戦後を待たなければなりません。

アメリカ経済の復興とともに、1965年には改正移民法が作られ、国別の制限や日本人移民の禁止も解除されました。これにより、戦後アメリカ社会では、アジアやラテンアメリカ諸国からの移民が多数、流入することになります。

トランプ政権の台頭と白人層の支持

2017年に発足したトランプ政権下では、主に移民の流入によって白人低所得者層から仕事が奪われるという不安感から、移民排斥のムードが高まりました。

トランプが大統領に選ばれたのは、そうした支持層に後押しされて、中南米からの移民に対する強行的な態度に打って出たことがひとつの要因だと言われています。実際に、大統領就任後には、不法移民の流入を防ぐために、アメリカとメキシコの国境に巨大な壁の建造計画を述べるなど、物議を醸しました。

しかし、多くの移民によって成り立ってきたアメリカですが建国以来、新しい移民に対する反感が高まり、たびたび排斥運動が行われてきた歴史があります。

その歴史を見てくると、トランプのような移民への反発を持つ人々がアメリカに多くいることも、不思議なことではありません。「歴史は繰り返す」というのは、よく使われるような常套句ですが、問題の本質が改善されないならば、こうした事件や出来事は再び起こりうるのだと言えます。

それは歴史が教えてくれる教訓なのかもしれません。

移民が増大したアメリカでは、潜在的に建国者の末裔であるWASPに代表される白人層がこれまで影響力を持ってきました。しかし、白人層のいずれもが富裕層であるというわけではありません。

いわゆる「プア・ホワイト」と白人低所得者層の基盤も大きいのは事実です。こうした白人低所得者層の人気と支持を集めたのが、トランプだったのです。

第2章や第3章でも述べたように、アメリカ国内では南北戦争期には、プランテーション経営のために奴隷として働かされていた南部の黒人たちの解放を求める動きが高まりを見せました。

しかし、それでもなお、アフリカ系アメリカ人に対する差別や経済的格差は是正されず、南部諸州では未だ、隔離政策が合法化されていたのです。1950年代後半から1960年代前半には、こうした差別の撤廃と是正を求める公民権運動が活発に行われました。

有名なキング牧師らによるワシントン大行進が行われたのもこの頃です。

こうした運動の結果、公民権法の制定にまで漕ぎつけました。

しかし、その反動は凄まじく、アメリカ各地で白人の人種主義者層からの暴力や迫害は続き、それは本章の冒頭で述べたジョージ・フロイド事件のように、今日に至るまで、アメリカ国内の深刻な問題のひとつとなっています。

公民権運動が高まった1960年代以降、差別を是正するために社会的弱者を救済する優遇措置が試みられてきました。アメリカで初の黒人大統領となったオバマ政権下でも、民族・人種に配慮し、高等教育を受ける機会の平等性と多様性を促進するべく、アファーマティブ・アクションを促進させる方針を取ってきました。

こうした差別是正のための優遇策は、これまで見てきたように、さまざまな民族・人種が暮らすアメリカの歴史的な背景のなかで、生まれてきたわけですが、ここでも白人層からの反発が生じています。

このような優遇策は、「逆差別」だというわけです。

特に不安と危機感の強い白人低所得者層の支持を集めたトランプ政権下では、アファーマティブ・アクションに対して批判的な言説が高まりました。

トランプ政権を支えたエヴァンジェリスト（福音派）

白人至上主義との関係が取り沙汰されるトランプでしたが、彼の支持基盤のひとつは、アメリカにおける宗教右派（キリスト教右派）勢力です。

主に白人のプロテスタント保守層からなる宗教ロビーが、トランプやトランプ政権を支持してきました。

特に福音派（エヴァンジェリカル、エヴァンジェリスト）と呼ばれるプロテスタントの宗派は、トランプの熱狂的な支持者が多いことで知られています。

2024年7月、共和党大会の最終日にトランプ暗殺未遂事件が起こりました。銃撃はトランプの耳を掠め、あわやというところで一命を取り留めました。

事件後の世論調査では、共和党を支持する人のうち6割強が「トランプ氏が一命を取り留めたのは神の摂理」だと回答しています。党大会の会場では、トランプ公認の「聖書」が販売されるなど、キリスト教保守層との結びつきと支持はかなり強いものであることがうかがえます。

この福音派とは、宗教改革を指導したルターによって、より先鋭的に提示された「聖書へ帰れ」という発想に基づくものです。聖書すなわちキリストの言葉である福音だけを信仰の拠りどころにする考え方から生まれた一派だと言えます。

イギリス国内では、奴隷貿易や奴隷制度に対する反対と撤廃を求める運動に影響を与え、先述した1833年の奴隷制度廃止を実現させせました。

アメリカにおいては、福音派が急進的な保守層を形成し、近年では性差による差別の撤廃を求めるＬＧＢＴＱの運動に対しても、保守的な見地から反対的な意見を持つ者が多いのも特徴のひとつだと言えるでしょう。

このように歴史を振り返ると、アメリカの民族問題・人種問題は建国以来、さまざまな対立や排斥を伴いながら続いていることがわかります。

移民によって誕生し、支えられてきた国だけに、移民間の対立は後を絶ちません。

そのなかで、新たな共生の方法が常に模索されているのが、アメリカという多民族国家なのだと言えるでしょう。

人間の移動が世界史を動かしてきた!?

難民・移民が急増する21世紀のヨーロッパ

前節で見てきたように、北米大陸の開発と発展はヨーロッパからの移民の歴史によって作られてきたと言えます。こうした民族の大移動は、世界史的にもたびたび起きた出来事のひとつです。移民によって、他の民族との交流が生まれ、ときにそれは対立を伴いながらも、新たな文化・社会を作っていきました。

移民によって生まれた国であるアメリカの民族問題・人種問題は大きな課題のひとつですが、近年、ヨーロッパにおいても移民問題が深刻化しています。

2011年、チュニジアでの民主化革命が起こり、周辺のアラブ諸国で相次いで、民主化の動きが加速しました。エジプト、リビア、イエメンでも民主化革命が起こり、一連の動きは「アラブの春」と呼ばれました。

アサド父子の40年に及ぶ長期の独裁政権が続いたシリアでも民衆蜂起が起こりましたが、民主化を果たした他の国々とは異なって、アサド政権はロシアらの支援を受け、強硬な姿勢に打って出ました。ここでもポスト冷戦体制の歴史の延長を見るわけですが、事態は深刻なシリア内戦へと発展していきます。

さらには、この内戦のなかで、イスラーム教スンナ派の過激集団であるイスラーム国（ＩＳ）が台頭し、急速に拡大していきました。シリアやイラク、トルコの国境地帯に多く居住するクルド人にもこのシリア内戦が大きな影響を与えています。

ＩＳはカリフ制に基づくスンナ派国家の樹立を掲げており、シリア政府軍やシーア派組織、クルド人らと敵対しながら勢力を広げていきました。こうした緊張感のなか、アメリカのオバマ政権が空爆攻撃を決断し、ロシアのプーチン政権もシリア内戦に介入するという、各勢力が入り乱れた戦闘へと突入していきました。アサド政権はその後も軍事的優位を回復し、今日に至るまで存続しています。シリア内戦での死者は、２０２４年3月現在で50万人を超え、「今世紀最大の人道危機」とも言われています。

この内戦の過程で、多くのシリア難民が生まれ、危険を顧みず、地中海を渡ってヨーロッパを目指していきました。２０１５年9月には、３歳のシリア人の男の子の遺体がトルコの海岸に打ち上げられた写真が報道され、世界中に衝撃が走りました。

その結果、ヨーロッパに流入する難民の数は増え、2015年にEU各国に提出された難民認定の申請数は、130万人にも上ります。前年度は63万人ほどでしたから、およそ2倍の数に達しました。急激な難民の増加によって、EU各国も経済・治安などの問題から近年ではその受け入れを規制する方向に転じています。

世界史を変えたゲルマン人の大移動

アラブの春以降の大きな人の流れは、それ自体は内戦を逃れるためのやむにやまれぬ移動ですが、人類の歴史を通じて、それは移動の連続だったと言えます。

アフリカで誕生した人類の祖先は、瞬く間に世界中へ広がっていきましたし、世界史の重要な出来事にも、人類の移動が関わっています。

世界史的に押さえておきたいのは、「ゲルマン人の大移動」という出来事です。インド＝ヨーロッパ語族に属するゲルマン人は元々、北ヨーロッパのスカンジナヴィア半島南部からバルト海・北海の沿岸にかけて居住し、牧畜や農耕を営んでいました。やがて勢力を拡大させ、ヨーロッパ全域へと広がっていきます。

これをゲルマン人の大移動と呼びます。4世紀から6世紀にかけての200年に及ぶ移動を第一次、8世紀から11世紀頃まで続いた拡大を第二次と呼びます。

ゲルマン人の大移動は、前1世紀に漢によって討伐された匈奴《きょうど》に起源を持つとされるアジア系の騎馬遊牧民のフンの移動がそもそものきっかけだったと言われています。2世紀頃、フンの人々は、バイカル湖方面から西へと移動を開始し、4世紀になる頃には南ロシアのステップ地帯にまで勢力を拡大しました。さらにはゲルマン人である東ゴート人の居住地を侵攻したことで、押されるようなかたちで、東ゴートの人々は西のローマ帝国領内へと移動を始め、やがてゲルマン人の大移動へと変わっていったのでした。

この大移動によって、ゲルマン人は先住の民族を打ち倒し、ヨーロッパ各地に自らの国家を樹立しました。イベリア半島では西ゴート、イタリアでは東ゴート、南西フランスではブルグンド、北西フランスはフランク、ブリテン島にはアングロ＝サクソンがそれぞれ流入し、自分たちの国を建設したのです。その後、西ローマ帝国が滅び、フランク王国が成立した点を見ると、まさにヨーロッパの歴史を生み出したのは、ゲルマン人の大移動だったと言っても過言ではありません。

日本も無縁ではない　民族問題・移民問題

急増する日本の外国人労働者

本章で説明してきた民族問題や人種問題は、日本で暮らしているとあまりピンとこない人も多いのではないかと思います。しかし、近年、日本人の人口減少の影響から足りない労働人口を、外国からの労働者によって賄おうという動きが加速しています。

都心のコンビニエンスストアや飲食店で、しばしば店員が外国人だった経験はないでしょうか。街を歩いていても、日本人以外の人とすれ違ったり、見かけたりする機会は増えたと思います。もちろん、円安によるインバウンド需要によって、外国人観光客が増えたことも要因のひとつですが、明らかに日本の外国人労働者数は過去10年で2・5倍にまで増えているとする調査もあります。

僕の出身は群馬県館林市ですが、すぐ近くの大泉町に住んでいたこともあります。大泉町はブラジル人やベトナム人、フィリピン人が多く住んでおり、人口の2割近くが外国人だと言われています。公園に遊びに行くと僕ら以外はみんな外国人だったということもありました。日本人の人口減少と移民の流入はどこまで進むのかわかりませんが、アメリカのような移民国家の例にもあるとおり、バックボーンの違う人たちが一緒に住むとなると、さまざまな問題が生じてきます。お互い違う歴史を持って同じ場所に暮らしているわけですから、当然のことです。

アメリカのような苛烈な排斥運動に発展させないためにも、僕たちはお互いの歴史を知るべきだと思います。

たとえば、最近では埼玉県川口市に在留するクルド人に関する報道が注目を集めました。その報道を見て、なんでクルド人がこんなに日本の川口にいるのだろうかと驚いた人も多いのではないでしょうか。

知らなければ「怖いなあ」と漠然で曖昧な感情を抱いて終わりでしょうけれども、クルド人がどういう人たちか、彼らが置かれた歴史というものを知れば、かなり印象は変わってくるのではないかと思います。

あるクルド人の青年に対して、「国に帰ればいい」という言葉を投げかけている人を見たことがありますが、そもそもクルド人には帰る「国」などないのです。そのことをまず、理解しなければなりません。

国を持たない最大の民族クルド人

クルド人は、トルコやイラン、イラク、アルメニアなどが接する国境の山岳地帯に住む民族で、イスラーム教スンナ派が多数を占める人々です。

アラブ、トルコ、イラン（ペルシア）の人々に次いで、中東地域では数の多い民族ですが、彼らの特徴は自分たちの国家を持たないということでした。クルド人固有の領土がないため、主権を持たず、トルコやイラン、シリアなどに分布して暮らしていました。

近代に入ると、その多くはオスマン帝国領内で住み、暮らしていました。第一次世界大戦後には、オスマン帝国領の分割統治が行われますが、その過程で戦勝国である連合国とオスマン帝国との間に交わされたセーヴル条約によって、クルド人の国家独立を承認したのです。

しかし、トルコ側は反発し、ケマル＝パシャの指導のもと、条約締結を拒否しました。その結果、1923年にローザンヌ条約を新たに締結し、クルド人の独立は否認され、トルコ共和国の領土が保障されることになります。トルコやシリア、イラク、アルメニアなどにまたがって暮らすこととなったクルド人でしたが、1925年頃よりトルコ内のクルド人による独立運動が高まりを見せ、イラク領にまで波及していきました。イラク領内では、北西部の油田地帯にクルド人が多く居住しており、独立運動は厳しい弾圧を受けました。

第二次世界大戦後の中東情勢もまた、先述したような冷戦体制の影響下に置かれました。アメリカ側とソ連側で常に牽制し合っている状態です。1946年にはイラン北西部にソ連が勢力を伸ばし、クルド人を支援したことで、「クルディスタン共和国」が独立します。ここもまた有数の産油地域であったことから、西側諸国はソ連のエンパワーメントになることを危惧し、アメリカやイギリスが干渉しました。

やがてソ連が撤退し、クルド人の悲願であった国家は崩壊、大統領は処刑されました。以降、トルコ共和国は、クルド人の一定の自治を認めながらも、独立には反対の姿勢を貫きます。イラクでは、サダム・フセイン政権下で、独立運動に対して苛烈な弾圧が続きました。

1980～1988年のイラン・イラク戦争では、サダム・フセイン政権による弾圧によって、イランとイラクの国境に住むクルド人に多くの犠牲が出ました。このとき、フセインは化学兵器の毒ガスを使用しました。

また先述したシリア内戦でも、シリア国内に住むクルド人は大きく関わっています。アラブの春以降、アラブ諸国で民主化の蜂起が進むなか、クルド人たちの間にも改めて独立を求める動きが強まりました。イスラーム国（ＩＳ）の出現によって、シリア内戦はアサド政権の政府軍、イスラーム国軍、クルド人の武装組織・人民防衛隊（ＹＰＧ）による三つ巴の戦いへと突入していきます。

アメリカ軍はイスラーム国の台頭を防ぐため、クルド人組織に協力し、軍事支援を行いました。またロシアやイランはアサド政権を支援したことで、イスラーム国はほぼ壊滅の状態にまで追い込まれます。トルコ側は、対アサド政権・対イスラーム国としてアメリカ側に協力していましたが、クルド人組織が勢力を拡大することには反対の姿勢を取り、独立運動に対しては徹底的に敵対しました。イスラーム国との戦いが一段落し、２０１９年にアメリカ軍がシリアから撤退を始めると、一転してトルコのエルドアン大統領はクルド人組織の掃討へと乗り出しました。

アメリカの重しが外れ、また当時のトランプ大統領は「トルコ軍の作戦には関与しない」と声明を出したことに後押しされての進軍でした。これにより、トルコによるクルド人勢力に対する掃討作戦は激化しています。国家を持たないクルド人は、その安全を保障されず、その結果、多くの難民と化しました。国連の推計では、2011年から10年間、世界各国でクルド人が難民と認められた数は、およそ5万人にも達するとされています。

日本では東京近郊の埼玉県南部に、トルコ国籍のクルド人が多数暮らすようになったと言われており、2024年現在では蕨市・川口市にまたがっておよそ2000人のクルド人が暮らしています。しばしばニュースで報じられる埼玉県川口市のクルド人は、こうした独立と迫害の歴史の果てに、日本に暮らすようになった人々なのです。日本は難民申請の少ない国として知られています。難民の認定率はわずか3・8パーセントで、クルド人難民が認められたのはこれまで、わずか1人しかいません。

歴史に「もし」はありませんが、第一次世界大戦後のセーヴル条約が結ばれたときに、クルド人の国家が成立していたら、今のような迫害や世界中に離散するような状況はなかったかもしれません。

しばしば在日クルド人に対する非難のなかには、ヘイトに近い言葉が使われることもあります。私たちはこうした他者を知らないからこそ、極度に恐れ、怖がり、かえってきつい言葉を使ってしまったり、排外的な態度をとってしまったりするのかもしれません。しかし、本節で見てきたように、私たちのすぐ隣にいる外国人にもさまざまな歴史と経緯があって、その場にいるのだということを、改めて世界史を学ぶことで気づくことができるのです。

本当の理解は、お互いの歴史を学び、対話を重ねることによって、導かれるのではないでしょうか。

日本に住むロヒンギャ難民とミャンマーの歴史

僕の地元である群馬県館林市には、ミャンマーで迫害を受けたロヒンギャの人々が多く身を寄せています。地元の学校にはロヒンギャの子がいました。ロヒンギャはイスラーム教徒のため、ラマダンの時期には昼間は断食をしています。だから、その時期はロヒンギャの子は、部活動を休まなければならなかったことをよく覚えています。

かつてビルマと呼ばれたミャンマーは、東南アジアの西端、イラワディ川流域に位置する国家です。11世紀頃にチベット系のパガン朝が興って以降、一度、モンゴル帝国の侵略を受け滅びますが、ペグー朝、トゥングー朝、コンバウン朝と続き、19世紀後半にイギリスの植民地となりました。

1930年に反イギリス組織「我らビルマ人協会」(タキン党)が結成され、1930年代には激しい独立闘争が展開されました。1940年にはイギリスによる幹部の逮捕により、崩壊。同党の指導者であったアウンサンは日本に亡命すると、日本軍の協力を得て、のちにビルマ独立義勇軍を指揮するに至りました。太平洋戦争開始後、日本軍は1942年にミャンマーへ侵攻し、イギリス軍やイギリス領インド軍と戦い、全土を掌握します。

こうして日本が掲げた大東亜共栄圏に組み込まれ、圏域下におけるミャンマーの独立が認められました。しかし、それは国家としての主権を認められたわけでなく、反発したアウンサンらは抗日武装闘争を起こしました。

戦後、改めてイギリスの植民地支配が始まりますが、これにも抵抗の姿勢をつらぬき、1948年にビルマ連邦として独立を達成しました。しかし、独立の前年に対立する政治一派にアウンサンは暗殺されてしまいました。

その後、ビルマ連邦の政治は安定せず、軍部クーデターによって1960年代以降、軍事政権が樹立。以降、軍部の独裁体制によって統治されました。1980年代にはアウンサンの娘・アウンサンスーチーを中心に民主化運動が高まりを見せますが、軍事独裁政権によって、民主化は押し止められます。

よく知られたように、アウンサンスーチーの自宅軟禁が続きました。この頃、英語の国名がミャンマーに変更されました。その後も粘り強い民主化の動きは続き、2010年にアウンサンスーチーの自宅軟禁が解けると、2015年には彼女の率いる国民民主連盟（NLD）が第一党となりました。

アウンサンスーチーは、ミャンマー連邦共和国国家最高顧問兼外相として、実質的な国家元首になり、自らの政権を率いて、民主化を推し進めていきました。

民主化以降に明るみに出たロヒンギャ問題

この実質的なアウンサンスーチー政権下で明るみに出たのが、ロヒンギャ問題でした。民主政権下で国家運営が続く2017年、バングラデシュに隣接するラカイン州のアラカン山脈地域で、少数民族ロヒンギャの人々の村を、ミャンマー国軍が襲撃し、虐殺する事件が起きたのです。国連ではこの少数民族に対する虐殺が、ジェノサイド条約違反の恐れがあるとして調査団を派遣するに至りました。

ミャンマー政府側は、過激派組織の掃討を意図したものとして虐殺を認めませんでした。しかし、多数のロヒンギャの人々は、この虐殺により、隣国のバングラデシュに庇護を求め、難民化したことで大きな国際問題となったのです。

ミャンマー政府はロヒンギャの存在を認めず、むしろバングラデシュからの不法移民とみなしました。その結果、アウンサンスーチー政権に対し、国際的な非難の声が高まりました。

ロヒンギャ問題の背景には、本節で解説したミャンマーという国家の成り立ちが関係していると言えます。ミャンマーは元々、仏教を手厚く庇護した仏教国として成立しています。さまざまな王朝が興りましたが、基本は仏教がマジョリティな国です。

しかし、ロヒンギャの人々は、イスラーム教を奉じる少数民族でした。ロヒンギャの人々が虐殺を逃れて、庇護を求めたバングラデシュは、イスラーム教徒の多い国です。そのため、多数派の仏教と少数派のイスラーム教の間の確執・対立が、ロヒンギャ問題の根底にあると考えられています。ミャンマーの大多数にとって、ロヒンギャは同国の人間ではなく、外国人なのだという認識が根強いのです。第5章で述べたのと同じように、ここでも宗教的な背景が、世界史的事件の要因のひとつとして指摘されているのがわかります。

また、アウンサンスーチー政権は、軍部の統制が取れていないのではないかという見解もあります。その後、2021年には再び軍事クーデターが起こり、ミャンマー国軍が政権を掌握する事態へと至りました。

アウンサンスーチーも政治の実権を奪われ、再び自宅軟禁下に置かれました。これにより、ミャンマーの民主化にも待ったがかけられることになり、今日に至ります。

僕が地元で見たロヒンギャの人々は、こうした歴史的背景のなかで、難民となり、国外へと避難した人々の一部です。世界中で200万人とも言われるロヒンギャ難民の方々が暮らしています。日本では群馬県館林市を中心におよそ300人ほどが暮らしていると言われています。

ロヒンギャの人に限らず、日本で普通に暮らしていても日に日に外国人の方々と接する機会が増えています。ロヒンギャの人たちのように、過酷な境遇のなかで、日本で暮らしている方々も少なくありません。

話す言葉も違えば、習慣も価値観も異なる人たちだからこそ、互いに理解を深めながら共生の道を模索できればとも思います。

そんなときに役立つのが、歴史を学ぶことだと改めて思います。

第7章

日本の歴史は世界の歴史とつなげて学べ

天皇制の歴史
日本は君主制の国？

エンペラーがいる21世紀の日本

第1章でも述べたように、僕は世界史と日本史は一緒に学んだほうがいいと思っています。どちらもひととおり勉強すれば、互いが互いを補完するようにして、記憶の定着に結びつくと思いますし、それぞれの歴史の理解度もより高いものになると思います。

世界のなかで日本という国を考えたとき、歴史的に見ると、やはり第2章でも述べたように、天皇の存在が特徴的なのではないかと思います。というのも、全世界で今も天皇のような「王」が存在する国はかなり限られています。

21世紀の今日、世界で「王」と呼ばれる人は20人。大公や公爵、侯爵や首長など「君主」と見なされる人々を含めると、世界には28の君主国があり、そのうちのひとつが、私たちが住み暮らす、日本なのです。

しかも、王は英語にすればKing（キング）ですが、KingやQueen（クイーン）がいる国はイギリスをはじめとして存在するものの、天皇の英語名はEmperor（エンペラー）で、この呼称を採用しているのは現代では日本だけになります。

ヨーロッパの国々は総力戦となった二度の大戦を経て、その多くが共和制を採用するようになりました。敗戦国となったイタリアでは、１９４６年６月に国王の敗戦の責任を問う国民投票が実施され、共和制に移行しました。ルーマニアやブルガリアでは、ナチスによる支配ののち、戦後は共産圏に組み込まれたことで、国王らは国外追放となりました。日本もまた戦後のアメリカ占領下で、王＝天皇の存在をどうすべきかが議論されました。

イタリア同様、天皇に敗戦の責任を問う声もありましたが、「ドイツでヒトラーとナチスの台頭を許したのは、ドイツ皇帝の体制を崩したためだ」という意見もあり（１９４５年７月にポツダムで開かれた首脳会談で、イギリス外相アーネスト・ベヴィンの発言です）、ＧＨＱの間でも、天皇制の存続が検討されたのです。

その結果、民主主義と天皇制の両立が推し進められ、現在の象徴天皇制のもとでの議会制民主主義が日本に誕生しました。これがいわゆる戦後日本の民主主義体制となっていきます。つまり、今日の天皇は日本国の「象徴」となるわけです。

昭和天皇は当時、「象徴」という言葉に対して、イギリスのような「国家の象徴」となること、そして、政治を民に委ねることを是認する発言をしたとも伝わります。

第2章でも述べたように、イギリスでは立憲君主制によって、「君臨すれども統治せず」という原則のもと、政治や立法は政府（内閣）や議会が担う体制へといち早く移行していました。日本の象徴天皇制への移行には、イギリス王室の存在が大きいとも言えますが、これについては後述することにして、まずは今日の象徴天皇制は、それ以前の天皇制とどう違うのか、どんな歴史的な変遷を辿ってきたのか、簡単に見ていくことにしましょう。

近代以前の天皇の歴史

天皇家の初代といわれるのが、『古事記』や『日本書紀』に記された神武天皇です。天照大神の五世孫にあたり、九州から畿内へとやってきて現地勢力を打ち倒し、大和に国家を築いたとされます。これを神武天皇の東征と呼びますが、現在の歴史学では神話の世界の話とされます。ただ、戦前戦中に支配的だった皇国史観では神話ではなく歴史的事実と認識されていました。

当初の天皇はまさに王として、軍事も政治も担う存在だったと考えられます。

歴史上、「天皇」という呼称が使われるようになったのは、天武天皇の時代です。天武天皇の兄は、中臣鎌足（藤原鎌足）とともに蘇我氏の専横を打倒し、大化の改新を成し遂げた中大兄皇子こと、天智天皇です。天智天皇や天武天皇、天智天皇の娘で天武天皇の皇后でもあった持統天皇の頃に、日本としての国のかたちが定まってきたとも言われます。

当時の文化の最先端である中国から多くを学び、日本に律令制を導入するなど大きな改革が行われたのもこの時代でした。白村江の戦いでは百済を支援し、唐・新羅の連合軍と戦っています。大陸や半島との結びつきを強めた時代でしたが、この白村江の戦いに敗北したことで、より国内の整備と統治の強化を強め、急速に中央集権化を進めていきました。

その後、文武天皇の治世において大宝律令が制定され、「日本」という国号が定められました。文武天皇の子である聖武天皇の治世では、大仏で有名な東大寺が建立されるなど、この時点までは天皇自らが政治を主導する時代が続いていました。

しかし、平安時代に入ると、藤原鎌足の末裔である藤原氏が、天皇家の外戚として実権を握る摂関政治が主流となります。天皇が幼い頃には藤原氏が摂政としてサポートし、天皇の成人以降には関白として補佐するという仕組みを作ったのです。

その結果、天皇が直接に政治を動かすことはなくなっていきます。その後の鎌倉時代ではより軍事に特化した武士が台頭し、征夷大将軍を擁する新たな権力が政治の実権を握りました。天皇は日本の歴史を通じて、ずっと存続してきましたが、時代がくだるごとに政治の実権からは遠ざかってきたと言えます。

武家政権である鎌倉幕府が滅んだのちには、後醍醐天皇が自ら政治を執り建武の新政を行いました。しかし、足利尊氏に敗れ、政治の実権は再び武家政権に移りました。

この頃、天皇家が南朝と北朝に分かれて政治の実権をめぐる争いに発展していきますが、足利幕府の三代将軍・足利義満の代で、南北朝の合一が図られました。

やがて室町幕府の威光が薄れ、各地の戦国大名が群雄割拠した戦国時代を経て、徳川家康による天下統一が完成します。全国を武家政権が統一し、徳川幕府が成立すると、禁中並公家諸法度を制定し、天皇以下、公家の政治を制限しました。これにより、江戸時代を通じて、天皇の存在はますます表立っては歴史に登場しなくなるのです。

近代天皇制と象徴天皇制の始まり

260年続いた徳川政権が大きく揺らいだのは、やはり世界史的な出来事がきっかけでした。1853年、アメリカはホイッグ党のフィルモア政権時代にペリー艦隊を日本に派遣します。いわゆる黒船の来航です。

当時のアメリカは、捕鯨が重要な産業となっていたのです。その中継地・補給地として港を確保する思惑があり、日本に開国を迫ったのでした。

ちょうど1853年当時は、ヨーロッパではロシアとオスマン帝国の戦争であるクリミア戦争が始まった頃です。オスマン帝国を支援したイギリスやフランスは、東アジアに進出する余裕がなく、日本との開国交渉はアメリカが主導権を握るかたちとなりました。

日米和親条約に続いて、不平等条約と言われる日米修好通商条約が、徳川幕府とアメリカとの間に結ばれると、そのほか西洋列強も相次いで幕府に開国を求めました。今度はアメリカ国内で南北戦争が勃発したため、その間隙をぬって、イギリスやフランスが鎖国政策の撤廃を強く要求するようになりました。

こうした諸外国に対する幕府のおよび腰の対応に、不満の声が高まると同時に、江戸時代後半より流行しつつあった国学（和学）の影響もあり、天皇と朝廷の再評価が高まります。政治の実権を徳川将軍家から天皇と朝廷へ移そうという動きが出てきたのです。薩摩藩や長州藩が中心となった討幕運動の過程で、徳川最後の将軍である徳川慶喜は、政権を天皇と朝廷に返上しました。いわゆる1867年の大政奉還です。

こうして再び政治の表舞台に登場した天皇は、明治政府が発足したのちには、国家元首となります。

日本は、新政府のもと、ヨーロッパ流の立憲君主制の確立を目指しました。日清戦争、日露戦争という大きな近代戦に勝利した日本は、より近代化の道を進みます。1930年代には軍部が台頭してきたことによって、イギリスやアメリカとの協調路線から一転します。1940年には日独伊三国軍事同盟を形成し、枢軸国として第二次世界大戦を戦い、その結果、敗北しました。

戦後日本はGHQの統治下のもとに新たな民主化の道を進んでいきます。戦後の日本統治のために注目されたのが、天皇の存在でした。先述したように、第一次世界大戦後、急激な民主化を推し進めたドイツでは、その混乱のなかでヒトラーという独裁者を生む結果となりました。

そこで日本では、天皇を国家統合の象徴としながら、実際の政治は議会による民主政治によって取り仕切るという、より民主的な天皇制を目指すことになりました。

21世紀のイギリス王室の場合

この象徴天皇制の源泉となったのは、19世紀イギリスの評論家ウォルター・バジョットが記した『イギリス憲政論』だったとも伝わります。同書には君主とは「人々にとって目に見える統合の象徴となることができる」と記されていました。

先述したように日本の象徴天皇制は、イギリスの立憲君主制をある種の範とするかたちで形成されたものと考えられます。実際に、昭和天皇は「象徴」という言葉に、イギリス王室のような「国家の象徴」を念頭に置かれたとされます。

というのも昭和天皇は20歳の頃にイギリスを訪れていますが、その当時、イギリスの立憲君主制の鑑であるジョージ5世から、タナー博士の紹介を通じて、バジョット理論についても触れた講演録の原稿を渡されていました。帰国後、その訳文を通して若かりし頃の昭和天皇は、イギリスの立憲君主制を熱心に学んだと言われています。

ジョージ5世が国王として即位した1910年5月、当時のイギリスは、ホイッグ党の後進である自由党政権の時代でした。政局は、内閣と貴族院が対立する状態になっていましたが、ジョージ5世が仲裁役として立ち、貴族院の専横を改める法案作成に至るなど、手腕を発揮します。

第一次世界大戦中は質素倹約に努めるとともに、多くの慰問を行い、国民を鼓舞する存在として活躍しました。国難には政府と協力しながら対処し、「国父」とも称されるほどに慕われた国王です。世界恐慌下においても、保守党と労働党との対立を超えて、挙国一致政権を樹立させたのも、ジョージ5世の手腕によるものと言われています。イギリス立憲君主制の鑑であるジョージ5世の跡を継いだジョージ6世も、偉大な父を範として、第二次世界大戦下のイギリス国民を励まし続けました（吃音に悩まされながらも、これを克服したその半生はアカデミー賞も受賞した映画『英国王のスピーチ』で詳しく描かれています）。

ジョージ6世は心労がたたったのか、第二次世界大戦終結後の1952年に亡くなりますが、その後の王位を継いだのが、25歳の長女・エリザベス2世だったのです。まだ記憶の新しい2022年9月に亡くなるまで、70年にわたり、「君臨すれども統治せず」を原則としたイギリスの立憲君主としての職務をまっとうしました。

万世一系の天皇家と女性天皇擁立の未来

このように世界史と日本史を重ね合わせながら見てくると、日本の天皇制というものもさまざまな歴史の過程を経て、今日にまで続いていると言えます。「存続」という意味では、天皇制もまた近代以前から近代以降、そして現在の象徴天皇制に至るまで、かなりの変遷があります。それはイギリスをはじめとする今日まで続く君主制国においても同様だと言えるでしょう。

そんななかで、日本の天皇制が特殊だと思われるのが、その血統を重視する点だと言えるかもしれません。天皇制のかたちは時代によってさまざまに変わっていますが、誰が天皇として即位するかは、基本的に変わりません。男性側の直系を重視する立場です。そのため、現代の天皇の男系を遡れば、必ず初代天皇である神武天皇の系統に行き着くという万世一系が強調されてきました。

今日、しばしば議論を呼んでいるのは今後の天皇制の存続を考える意味で、男系ではなく女系はありうるのかという点です。

今上天皇家には男子の世継ぎがなく、将来、愛子内親王が即位する可能性が、政府や有識者の間で活発に議論されました。しかし、その後、秋篠宮家に悠仁《ひさひと》親王が誕生したことで、女性天皇に関する議論はやや低調となっています。

有史以来、女性天皇は推古天皇や持統天皇などをはじめとして8名10代のみで、数は少ないながら確かに存在しました。天皇家の存続がどのようなものになるかは定かではありませんが、いずれにせよ、改めて天皇家の世継ぎに関しては、今後も避けて通れない歴史的な問題だと言えると思います。

そのとき、考えるための判断材料のひとつになるのは、これまでの歴史がどうだったのかということです。私たちは自分たちがこれからどこへ向かっていくのか、その道行きを見定めるためには、自分たちがどこからやってきたのか、今現在、どの道を進もうとしているのかをきちんと認識することが大切です。

自分たちがどこからきて、どこへ進もうとしているのかを知る道標となるのは、まさに自分たちの歴史なのではないでしょうか。

日本の歴史は西側中心？日本の歴史の東西の違い

日本の歴史は京都を中心に発展してきた⁉

前節で詳しく見てきた天皇制の歴史に関連すると、明治時代以前の天皇は、ずっと京都の御所を中心に暮らしていましたが、近代天皇制に移行してからは、東京の皇居で暮らし、政務にあたっています。

そのことからもわかるように、日本の政治の中心、ひいては歴史の中心はまさに京都や奈良などの畿内を中心にあったと言えると思います。

より世界史的な視点で言えば、大陸や半島に近い西日本のほうが先進的な文化や技術の導入が早く、東日本よりも政治も文化も先に発展してきた経緯があると言えます。

仏教の伝来にしても、律令制のような進んだ法制度にしても、その発展はまず西日本であり、そこから全国に拡散していったと考えられます。

関東に大きな政権が生まれるのは、武士が台頭してきた鎌倉時代を待たなければなりません。源頼朝以下、三代にわたる源氏将軍時代には、京都の朝廷とは距離をとりながら、存続してきましたが、その後の北条義時が実権を握り、承久の乱において朝廷と全面的な対立へと発展します。

朝廷軍を退けた武士たちはその後、大きな政治権力をふるいましたが、地政学的にはやはり、西日本が中心でした。特に経済・商業の中心は西側にあり、そこに目をつけた足利尊氏は政治の中心である幕府を、京都の室町へと移したことは、西日本がまだまだ日本の中心であったことの証左と言えるかもしれません。

「関東」という言葉にしても、京都より東側の街道にそれぞれ作られた愛発関《あちらの》、不破関、鈴鹿関の東側という意味で使われるようになった言葉です。

関西という言葉は後年になるまで使われなかったように、あくまでも関の西側が「こちら側」であり、主体です。関より東側の「関東」は、まさに西側の人間にとって未開拓の地でした。

天皇の代替わりなどの有事の際に朝廷は「固関《こげん》」という儀式を行いますが、これは読んで字のごとく、関を固めること、つまり3つの関を封鎖することでした。

天皇家に何かあった際には、政権にとって一番、守りを固めなければならないときです。そのためにまず行うのが、東側の関を閉ざし守りを固めるということは、東側は朝廷の息の届かない、未開の地であり、敵であることを意味しています。

だからこそ、古代には坂上田村麻呂を「征夷大将軍」として、東日本の未開拓地に住む、蝦夷《えみし》を討たせたのです。

歴史の中心が東日本になるのは近世以降

歴史を通じて西日本中心だった日本ですが、現代においては政権の中枢は東京に置かれています。国会議事堂も最高裁判所も皇居もみんな日本の首都である東京にあります。なぜ東京が政治の中心になったのかというと、それは徳川家康が開いた江戸幕府の登場が大きな転機となりました。

徳川家康は今でいう愛知県の東側の三河地方の出身です。どちらかといえば、西日本の影響下にある地域ではありますが、東日本とも接点になるところです。

家康が江戸へと進出したのは、豊臣政権下による国替えによってですが、まだ湿地の多い江戸を開発することは、土木事業を好んだ家康にとってやりがいのある仕事だったのかもしれません。

いずれにせよ、江戸の開発が進み、また家康が天下統一を成し遂げると、江戸はたちまちに巨大な都市へと発展していきました。時代がくだるごとに人口は増え、それまで上方が中心であったさまざまな文化芸能にも、江戸文化として独自の発展を見るようになります。その後、大政奉還によって朝廷に政権が移された後、新政府はどこに首都を置くか協議されました。大久保利通らは大阪を首都と考えていたようですが、木戸孝允《きどたかよし》や江藤新平らは東京に首都を置くことを推薦し、結果、東京が首都となったのです。こうして明治天皇は京都から東京へと移ることとなり、以来、東京を中心とした近代化が進みました。

幕末から明治にかけても日本国内では大きな戦争が起こりました。日本の歴史を見ると、常に遷都や政治の中心が移る際には、政治の実権をかけた戦いが起きたり、疫病や天災などさまざまな社会的問題、政情的な不安が巻き起こったりしています。

近年、東京の一極集中化が問題にもなってきていますが、歴史の教訓から学ぶならば、首都がどこか別の都市に変わる際には、それ相応の不安定な状況が起きたときと言えるでしょう。

日本が敗戦後、すぐに復興できたのはなぜか？

戦後特需で沸く戦後日本

　19世紀から20世紀にかけて、西洋列強による植民地の拡大の過程で、各地で近代化が進みました。日本も例外でなく、諸外国に伍するために、早急に富国強兵策が取られ、急速に近代国家化が進みました。西南戦争を最後に、内戦を平定した近代日本は、やがて世界を舞台に戦争を繰り広げます。日清戦争や日露戦争での勝利は、西洋列強に対して日本国の存在を大きく意識させる事件でした。

　その後、日本は中国大陸に侵出、日中戦争を戦い、また東南アジアの西洋列強の植民地を次々に攻めて、「大東亜共栄圏」に基づく拡大策を進めました。

　しかし、アメリカやソ連の参戦を受けて、戦線を拡大しすぎたことで兵站《へいたん》の不足などから敗走が続き、日本本土でも空襲が度々続きました。

太平洋戦争末期の1945年4月には、アメリカ軍が沖縄本島に上陸。20万もの犠牲者を出す沖縄戦は苛烈を極めました。同年8月には広島と長崎に原爆が投下され、日本はポツダム宣言を受諾し、降伏することとなります。

焼け野原となった日本がわずかな期間で、経済復興を成し遂げ、高度成長を突き進み、経済大国になったことはよく知られています。

「もはや戦後ではない」という有名なフレーズは、1956年の経済白書に記された一文に基づきます。戦後わずか10年足らずで、日本は復興を成し遂げたのです。

そこには1950年以降の日本の戦後特需というものがあります。戦後の特需経済とも呼ばれますが、これもまた世界史的な出来事と大きく関連したものです。

日本の戦後史を考える意味でも、世界史との関連でこの点を見ていきましょう。

第4章でお話ししてきたように、第二次世界大戦後の世界は、アメリカを中心とした西側諸国とソ連を中心とした東側諸国に分かれて対立する冷戦体制下にありました。日本の戦後も連戦体制と無縁ではありません。

連合国側の統治下に置かれた日本ではアメリカの進駐軍の統治下にあり、地政学的には対ソ連の要所となりうる位置にありました。

特に戦中は日本の統治下に置かれた朝鮮半島は、東西冷戦の最中、北緯38度線を境に南北に分断されてしまいます。北は金日成《キムイルソン》が率いる朝鮮労働党のもと、社会主義体制をとり、ソ連がこれを支援しました。南は李承晩《イスンマン》による親米政権によって資本主義体制をとる国家となり、アメリカが支援しました。

こうして1950年6月、朝鮮半島で、冷戦下における東西の代理戦争とも言える朝鮮戦争が勃発したのです。南の韓国軍はアメリカ軍を主体とする国連軍が支援し、ソ連の支援を受ける北朝鮮には先頭の後半には中国から義勇兵が送られ、内戦の規模を超えて、国際的な戦争へと発展しました。

アメリカ軍を中心とする国連軍の派兵は、最盛期には50万を超えるもので、弾薬の数は太平洋戦争時にアメリカ軍が用いた数を超えるほどの激戦であったとされます。

地政学的にも最も近いところに位置する日本は、朝鮮戦争においては重要な軍事基地・補給基地の役割を果たしました。その結果、アメリカ軍から日本の国内企業に対する発注が急増したことで、輸出量が増え、日本経済は空前の好景気に沸いたのです。

これにより、日本経済は戦後不況を脱しました。戦争勃発からわずか1年で、日本経済は戦前の水準を超えて、その後の60年代に起こる高度経済成長を準備することになります。このことを戦後特需、あるいは朝鮮特需と呼びます。

日本の戦後復興の背景には、隣国の朝鮮半島における冷戦体制を象徴する大きな戦争があったのです。第3章でも述べたように、戦争と経済は密接に関わっています。戦争を契機に不景気が起こる国もあれば、戦争によって経済が促進される国もあることがよくわかります。

なぜ日本にアメリカ軍基地があるのか？

戦後の日本社会を考えると、朝鮮特需による経済復興をはじめとして、冷戦体制下に組み込まれていることが大変大きな影響を与えたと言えます。それは現代でも続く、アメリカ軍基地の問題にも関わっています。

現在、日本には北海道から沖縄まで、全国130カ所にアメリカ軍基地が存在します（そのうち、アメリカ軍専用基地は81、残りは自衛隊との共用です）。そのうちの7割が、アメリカと激戦が繰り広げられた沖縄に位置します。

日本になぜ、アメリカ軍基地があるのかというと、敗戦国である日本は、戦後にGHQ占領下で制定された日本国憲法によって、武力を保持することを禁じました。そのため、日本とアメリカの対共産圏防衛のための軍事条約として、日本の安全保障を守るために日米安全保障条約が1951年に結ばれたのです。

武装解除された日本は自衛権を行使できないため、代わりの暫定措置として、アメリカ軍の駐留を日本側が希望し、軍隊を配備する権利をアメリカに委託するかたちで発足し、こうして日本にアメリカ軍の駐留基地が作られたのです。

また、朝鮮戦争の勃発を契機に、警察予備隊が組織され、これがのちの自衛隊となり、早くにも日本が独自の武装をすることになります。自衛隊発足後の1960年に日米安保は改定され、日本領域の共同防衛として規定されるようになりました。

まさに日本のアメリカ軍基地は、対共産圏防衛という冷戦体制に組み込まれた結果と言えます。朝鮮戦争やベトナム戦争、湾岸戦争など、戦後の冷戦体制下の代理戦争においては、在日アメリカ軍基地が重要な役割を果たしました。

平和憲法によって戦争を放棄した日本社会では、反発も大きく、日本の戦争協力として批判の声が上がり、日米安保の更新のたびに大規模な反対運動やデモが学生を中心に起こりました。

特に現在でも多くのアメリカ軍基地が集中する沖縄では、駐留するアメリカ軍兵士との間に大きな摩擦が生じています。

1995年9月にはアメリカの海兵隊員によって沖縄の女子小学生が拉致・暴行を

受ける事件が起こり、沖縄県内ではアメリカ軍基地反対の大きな声が上がりました。同年10月には宜野湾市で事件に抗議する県民総決起大会が実施され、およそ8万5000人もの人が集まりました。

他方で、沖縄県の財政・経済は基地需要によって賄われているとも言われ、基地関係の仕事がなければ雇用がないという、アンビバレントな状況に置かれています。

先にも述べたように、日本のアメリカ軍基地は戦後の冷戦体制下に要因がありますが、なぜここまで沖縄に基地が集中しているのでしょうか。

沖縄は太平洋戦争末期、日本の国土で唯一、アメリカ軍が上陸し激戦地となった場所です。1945年6月に日本軍の抵抗が終わって以降、アメリカは沖縄を軍政下に置きました。1951年のサンフランシスコ平和条約で、日本の独立が回復しましたが、沖縄と小笠原はアメリカによる統治が続くことになります。

アメリカ民政府のもとに沖縄の自治が認められ、琉球政府が発足したのちも、基本的にはアメリカ民政府の統治下に置かれました。1960年代以降、沖縄内でも本土復帰の声が高まり、1969年には佐藤栄作とリチャード・ニクソン大統領との間に、日米首脳会談が開かれ、沖縄の返還に関する共同声明が出されました。

これに基づいて、1971年に沖縄返還協定が調印され、翌年5月に本土復帰となったのです。今では考えられないかもしれませんが、1972年5月まで、沖縄に渡航するにはパスポートが必要だったのです。

しかし、返還が実現されたとはいえ、まだベトナム戦争が続く最中で、沖縄はアメリカ軍にとって重要な拠点でした。そのため、日本全国のアメリカ軍基地の7割もの面積が、沖縄に集中しているのです。現在も、普天間基地の返還と辺野古基地への移設など、さまざまな問題が続いています。

台湾に対して強硬な姿勢を続ける中国との緊張関係も続いており、米中対立は新冷戦体制ともしばしば言われます。アメリカ側の意図としては、東アジアに影響力を保持するために、また現在も続く日米安保条約に基づく同盟国として、日本のアメリカ軍基地を維持することは地政学的に重要だと言えるでしょう。

今現在、日本国内で問題になっている多くのことが、世界の歴史の文脈と日本の歴史の文脈が重なり合いながら起きていることを、改めて意識されるのではないでしょうか。その問題の本質を理解し、その解決を考えるヒントは、まさに歴史を学ぶなかにあるのではないかと僕は思います。

主要参考文献

片倉もとこほか『イスラーム世界事典』明石書店、大塚和夫ほか『岩波イスラーム辞典』岩波書店、野村達朗『「民族」で読むアメリカ』講談社、本田創造『アメリカ黒人の歴史 新版』岩波書店、貴堂嘉之『移民国家アメリカの歴史』岩波書店、小笠原弘幸『オスマン帝国 繁栄と衰亡の600年史』中央公論新社、遅塚忠躬『フランス革命 歴史における劇薬』岩波書店、川北稔『砂糖の世界史』岩波書店、シドニー・W・ミンツ（川北稔ほか訳）『甘さと権力 砂糖が語る近代史』筑摩書房、ジェームス・M・バーダマン（森本豊富訳）『アメリカ黒人史 奴隷制からBLMまで』筑摩書房、君塚直隆『君主制とはなんだろうか』筑摩書房、木村靖二ほか『詳説世界史B 改訂版』山川出版社、笹山晴生ほか『詳説日本史B 改訂版』山川出版社、高橋正男『物語イスラエルの歴史 アブラハムから中東戦争まで』中央公論新社、牟田口義郎『物語中東の歴史 オリエント五〇〇〇年の光芒』中央公論新社、臼杵陽『世界史の中のパレスチナ問題』講談社、近藤正規『インド グローバル・サウスの超大国』中央公論新社、増田義郎『物語ラテン・アメリカの歴史 未来の大陸』中央公論新社、デヴィッド・グレーバー（酒井隆史ほか訳）『負債論 貨幣と暴力の5000年』以文社、大月康弘『ヨーロッパ史 拡大と統合の力学』岩波書店、土肥恒之『興亡の世界史　ロシア・ロマノフ王朝の大地』講談社、林佳世子『興亡の世界史　オスマン帝国500年の平和』講談社、小杉泰『興亡の世界史　イスラーム帝国のジハード』講談社、本村凌二『興亡の世界史　地中海世界とローマ帝国』講談社、羽田正『興亡の世界史　東インド会社とアジアの海』講談社、中西嘉宏『ロヒンギャ危機 「民族浄化」の真相』中央公論新社、根本敬『物語ビルマの歴史 王朝時代から現代まで』中央公論新社、秋元英一『世界大恐慌 1929年に何がおこったか』講談社、中西輝政『大英帝国衰亡史』PHP研究所、青野利彦『冷戦史』（上）（下）中央公論新社 、坪井善明『ヴェトナム 「豊かさ」への夜明け』岩波書店、横山宏章『中華民国 賢人支配の善政主義』中央公論新社、川島真『〈シリーズ 中国近現代史 2〉近代国家への模索 1894-1925』岩波書店、石川禎浩『〈シリーズ 中国近現代史 3〉革命とナショナリズム　1925-1945』岩波書店、村上直久『NATO 冷戦からウクライナ戦争まで』平凡社、本郷和人『世襲の日本史 「階級社会」はいかに生まれたか』NHK出版、本郷和人『日本史の法則』河出書房新社、橋場弦『民主主義の源流 古代アテネの実験』講談社、橋場弦『古代ギリシアの民主政』岩波書店、孫崎享『日本の国境問題　尖閣・竹島・北方領土』筑摩書房、早川真悠『ハイパー・インフレの人類学　ジンバブエ「危機」下の多元的貨幣経済』人文書院、ルトガー・ブレグマン（野中香方子訳）『Humankind　希望の歴史　人類が善き未来をつくるための18章』（上）（下）文藝春秋、青柳正規『ローマ帝国』岩波書店、ジャン=ポール・サルトル（安堂信也訳）『ユダヤ人』岩波書店、川上洋一『クルド人 もうひとつの中東問題』集英社、外間守善『沖縄の歴史と文化』中央公論新社、大阪大学歴史教育研究会『市民のための世界史 改訂版』大阪大学出版会、本村凌二『教養としての「世界史」の読み方』PHP研究所、山下範久『教養としての世界史の学び方』東洋経済新報社、羽田正『〈イスラーム世界〉とは何か 「新しい世界史」を描く』講談社、アンドレ・グンダー・フランク（山下範久訳）『リオリエント アジア時代のグローバル・エコノミー』藤原書店
ほか多数（以上、順不同）

こうちゃん

東京大学法学部卒業。中学校教諭一種免許状（社会）・高等学校教諭一種免許状（地理歴史・公民）を取得。“東大発の知識集団”QuizKnockを2023年12月で卒業。得意教科は歴史で「歴史王」の異名をもっていた。漢字も得意で、日本漢字能力検定準一級の合格の実力をもつ。

カバーデザイン	後藤司（株式会社tobufune）
本文デザイン	須貝美咲（sukai）
イラスト	髙柳浩太郎
本文DTP	黒坂浩（ALPHAVILLE DESIGN）
校正	鴎来堂
マネジメント	株式会社ワタナベエンターテインメント
編集	田村真義（KADOKAWA）
制作協力	吉祥寺事務所

現《げん》代《だい》社《しゃ》会《かい》を読《よ》み解《と》き、令《れい》和《わ》を生《い》き抜《ぬ》く勉《べん》強《きょう》のコツ

歴《れき》史《し》で学《まな》ぶ思《し》考《こう》法《ほう》

2024年12月18日　初版発行

著者　こうちゃん
発行者　山下直久
発行　株式会社KADOKAWA
〒102-8177　東京都千代田区富士見2-13-3
電話　0570-002-301（ナビダイヤル）
印刷所　TOPPANクロレ株式会社
製本所　TOPPANクロレ株式会社

●お問い合わせ
https://www.kadokawa.co.jp/（「お問い合わせ」へお進みください）
※内容によっては、お答えできない場合があります。
※サポートは日本国内のみとさせていただきます。
※Japanese text only
定価はカバーに表示してあります。

ISBN 978-4-04-607219-1　C0020